Без языка

Владимир Короленко

БЕЗ ЯЗЫКА

I

На моей родине, в Волынской губернии, в той ее части, где холмистые отроги Карпатских гор переходят постепенно в болотистые равнины Полесья, есть небольшое местечко, которое я назову Хлебно. С северо-запада оно прикрыто небольшой возвышенностью. На юго-восток от него раскинулась обширная равнина, вся покрытая нивами, на горизонте переходящими в синие полосы еще уцелевших лесов. Там и сям, особенно под лучами заходящего солнца, сверкают широкие озера, между которыми змеятся узенькие, пересыхающие на лето речушки.

Сторона спокойная, тихая, немного даже сонная. Местечко похоже более на село, чем на город, но когда-то оно знало если не лучшие, то, во всяком случае, менее дремотные дни. На возвышенности сохранились еще следы земляных окопов, на которых теперь колышется трава, и пастух старается передать ее шепот на своей нехитрой дудке, пока общественное стадо мирно пасется в тени полузасыпанных рвов...

Невдалеке от этого местечка, над извилистой речушкой, стоял, а может быть, и теперь еще стоит, небольшой поселок. Речка от лозы, обильно растущей на ее берегах, получила название Лозовой; от речки поселок назван Лозищами, а уже от поселка жители все сплошь носят фамилии Лозинских. А чтобы точнее различить друг друга, то Лозинские к общей фамилии прибавляли прозвища: были Лозинские птицы и звери, одного звали Мазницей, другого Колесом, третьего даже Голенищем...

Трудно сказать, когда этот поселок засел под самым боком у города. Было это еще в те времена, когда на валах виднелись пушки, а пушкари у них постоянно сменялись: то стояли с фитилями поляки, в своих пестрых кунтушах, а казаки и

1

"голота" подымали кругом пыль, облегая город... то, наоборот, из пушек палили казаки, а польские отряды кидались на окопы. Говорили, будто Лозинские были когда-то "реестровыми" казаками и получили разные привилегии от польских королей. Ходили даже слухи, будто они были когда-то и за что-то пожалованы дворянством.

Все это, однако, давно забылось. В шестидесятых годах умер столетний старик Лозинский-Шуляк. В последние годы он уже ни с кем не разговаривал, а только громко молился или читал старую славянскую библию. Но люди еще помнили, как он рассказывал о прежних годах, о Запорожьи, о гайдамаках, о том, как и он уходил на Днепр и потом с ватажками нападал на Хлебно и на Клевань, и как осажденные в горящей избе гайдамаки стреляли из окон, пока от жара не лопались у них глаза и не взрывались сами собой пороховницы. И старик сверкал дикими потухающими глазами и говорил: "Гей-гей! Было когда-то наше время... Была у нас свобода!.." А лозищане — уже третье или четвертое поколенье, — слушая эти странные рассказы, крестились и говорили: "А то ж не дай господи боже!"

Сами они давно уже запахали в землю все привилегии и жили под самым местечком ни мужиками, ни мещанами. Говорили как будто по-малорусски, но на особом волынском наречии, с примесью польских и русских слов, исповедовали когда-то греко-униатскую веру, а потом, после некоторых замешательств, были причислены к православному приходу, а старая церковка была закрыта и постепенно развалилась... Пахали землю, ходили в белых и серых свитах, с синими или красными поясами, штаны носили широкие, шапки бараньи. И хотя, может быть, были беднее своих соседей, но все же смутная память о каком-то лучшем прошлом держалась под соломенными стрехами лозищанских хат. Ходили лозищане чище крестьян, были почти все грамотны по церковному, и об них говорили, что они держат себя слишком гордо. Правда, это очень трудно было бы заметить постороннему, потому что при встрече с господами или начальством они так же торопливо сворачивали с дороги, так же низко кланялись и так же иной

2

раз целовали смиренно господские руки. Но все-таки было что-то, и опытные люди что-то замечали. О лозищанах говорили, что они что-то вспоминают, о чем-то воображают и чем-то недовольны. Действительно, на обычные вопросы при встречах: "как себе живете" или "как вам бог помогает" — лозищане, вместо "слава богу", только махали рукой и говорили:

"А, какая там жизнь!" или: "Живем, как горох при дороге!" А иные посмелее принимались рассказывать иной раз такое, что не всякий соглашался слушать. К тому же у них тянулась долгая тяжба с соседним помещиком из-за чинша, которую лозищане сначала проиграли, а потом вышло как-то так, что наследник помещика уступил... Говорили, что после этого Лозинские стали "еще гордее", хотя не стали довольнее.

И нигде так радушно не встречали заезжих людей, которые могли порассказать кое-что о широком белом свете.

II

Так же вот жилось в родных Лозищах и некоему Осипу Лозинскому, то есть жилось, правду сказать, неважно. Земли было мало, аренда тяжелая, хозяйство беднело. Был он уже женат, но детей у него еще не было, и не раз он думал о том, что когда будут дети, то им придется так же плохо, а то и похуже. "Пока человек еще молод, — говаривал он, — а за спиной еще не пищит детвора, тут-то и поискать человеку, где это затерялась его доля".

Не первый он был и не последний из тех, кто, попрощавшись с родными и соседями, взяли, как говорится, ноги за пояс и пошли искать долю, работать, биться с лихой нуждой и есть горький хлеб из чужих печей на чужбине. Немало уходило таких неспокойных людей и из Лозищей, уходили и в одиночку, и парами, а раз даже целым гуртом пошли за хитрым агентом-немцем, пробравшись ночью через границу. Только все это дело кончалось или ничем, или еще хуже. Кто возвращался ободранный и голодный, кого немцы гнали на веревке до границы, а кто пропадал без вести, затерявшись где-то в огромном божьем свете, как маленькая булавка в омете соломы.

Лозинский Осип был, кажется, еще первый, который не пропал и отыскался. Человек, видно, был с головой, не из тех, что пропадают, а из тех, что еще других выводят на дорогу. Как бы то ни было, — через год или два, а может, и больше, пришло в Лозищи письмо с большою рыжею маркой, какой до того времени еще и не видывали в той стороне. Немало дивились письму, читали его и перечитывали в волости и писарь, и учитель, и священник, и много людей позначительнее, кому было любопытно, а, наконец, все-таки вызвали Лозинскую и отдали ей письмо в разорванном конверте, на котором совершенно ясно было написано ее имя: Катерине Лозинской, жене Лозинского Иосифа Оглобли, в Лозищах.

Письмо было от ее мужа, из Америки, из губернии Миннесота, а какого уезда и села, теперь сказать очень трудно, потому что... Впрочем, это будет видно дальше. В письме было написано, что Лозинский, слава богу, жив и здоров, работает на "фарме" и, если бог поможет ему так же, как помогал до сих пор, то надеется скоро и сам стать хозяином. А впрочем, и работником там ему лучше, чем иному хозяину в Лозищах. Свобода в этой стороне большая. Земли довольно, коровы дают молока по ведру на удой, а лошади — чистые быки. Человека с головой и руками уважают и ценят, и вот даже его, Лозинского Осипа, спрашивали недавно, кого он желает выбрать в главные президенты над всею страной. И он, Лозинский, подавал свой голос не хуже людей, и хоть, правду сказать, сделалось не так, как они хотели со своим хозяином, а все-таки ему понравилось и то, что человека, как бы то ни было, спросили. Одним словом, свобода и все остальное очень хорошо. Только Лозинскому очень скучно без жены, и. потому он старался работать как только можно, и первые деньги отдал за тикет, который и посылает ей в этом письме. А что такое тикет, так это вот эта самая синяя бумажка, которую надо беречь как зеницу ока. На

4

ней нарисован паровоз с вагонами и пароход. Это значит, что по этому билету Лозинскую повезут теперь даром и по земле и по воде, — стоит ей только доехать до немецкого города Гамбурга. А на другие расходы пусть продаст избу, корову и имущество.

Пока Лозинская читала письмо, люди глядели на нее и говорили между собой, что вот и в такой пустой бумажке какая может быть великая сила, что человека повезут на край света и нигде уже не спросят плату. Ну, разумеется, все понимали при этом, что такая бумажка должна была стоить Осипу Лозинскому немало денег. А это, конечно, значит, что Лозинский ушел в свет не напрасно и что в свете можно-таки разыскать свою долю...

И всякий подумал про себя: а хорошо бы и мне... Писарь (тоже лозищанин родом), и тот не сразу отдал Лозинской письмо и билет, а держал у себя целую неделю и думал: баба глупая, а с такой бумагой и кто-нибудь поумнее мог бы побывать в Америке и поискать там своего счастья... Но на билете было совершенно ясно, хоть и не по-нашему, написано: mississ Katharina Ioseph Losinsky-Oglobla. Иосиф Лозинский и Оглобля, — это бы, конечно, еще ничего, но Катерина — это уже было ясно, что женщина, да и mississ, тоже, пожалуй, обозначает бабу. Одним словом, хотя и в последнюю минуту писарь все еще как-то вздыхал и неприятно косился, вынимая из стола билет, который у него был припрятан особо, но все-таки отдал. Лозинская взяла его, села на лавку и горько заплакала.

Разумеется, она была рада письму, да ведь и от радости тоже плачут. Притом все-таки приходилось покинуть и родную деревню, и родных, и соседей. Затем нужно сказать, что Лозинская была баба молодая и, как говорится, гладкая. Без мужа мало ли беды, — не видела проходу хотя бы и от этого самого писаря, а на духу приходилось признаваться, что и "враг" не оставлял ее в покое. Нет-нет, да и зашепчет кто-то на ухо, что Осип Лозинский далеко, что еще никто из таких далеких стран в Лозищи не возвращался, что, может, вороны растаскали уже и мужнины косточки в далекой пустыне, а она

5

тут тратит напрасно молодые лета — ни девкой, ни вдовой, ни мужниной женой. Правда, что Лозинская была женщина разумная и соблазнить ее было не легко, но что у нее было тяжело на душе, это оказалось при получении письма: сразу подкатили под сердце и настоящая радость, и прежнее горе, и все грешные молодые мысли, и все бессонные ночи с горячими думами. Одним словом, упала Лозинская в обморок, и пришлось тут ее родному брату Матвею Лозинскому, по прозванию Дышло, нести ее на руках в ее хату.

И пошел по деревне говор. Осип Лозинский разбогател в Америке и стал таким важным человеком, что с ним уже советуются, кого назначить в президенты... Стали молодые люди почасту гостить в корчме, пьют пиво и мед, курят трубки, засиживаются за полночь, шумят, спорят и хвастают. Кто бы послушал эти толки, то подумал бы, что не останется в Лозищах ни одного молодого человека к филипповкам... Если уже Осипа спрашивали, кого он хочет в президенты, то что там наделают другие, получше Осипа!.. Потому что там — свобода!

Свобода! Это слово частенько-таки повторялось в шинке еврея Шлемы, спокойно слушавшего за своей стойкой. Правду сказать, не всякий из лозишан понимал хорошенько, что оно значит. Но оно как-то хорошо обращалось на языке, и звучало в нем что-то такое, от чего человек будто прибавлялся в росте и что-то будто вспоминалось неясное, но приятное... Что-то такое, о чем как будто бы знали когда-то в той стороне старые люди, а дети иной раз прикидываются, что и они тоже знают... Ну, да ведь мало ли кто о чем говорит! Поговорили, пошумели и бросили. И, может, уже забыли и тянут лямку, как вол в борозде, а может, говорят и до сих пор, все на том же месте. А все-таки отыскались тут два человека из таких, что не любят много говорить, пока не сделают... Подумали, потолковали на стороне друг с другом и принялись продавать хаты и землю. Продавать-то было, пожалуй, немного, и, когда все это дело покончили, тогда и объявили: едем и мы с Осиповой Лозихою, чтобы ей одной не пропасть в дороге.

Один приходился ей близким человеком: это был ее брат, Матвей Дышло, родной правнук Лозинского-Шуляка, бывшего гайдамака, — человек огромного роста, в плечах сажень, руки, как грабли, голова белокурая, курчавая, величиною с добрый котел, — настоящий медведь из пущи. Говорили, что он наружностью походил на деда. Только глаза и сердце — как у ребенка. Женат он еще не был, изба у него была плохая, а земли столько, что если лечь такому огромному человеку поперек полосы, то ноги уже окажутся на чужой земле. Говорил мало, смеялся редко. У него была старая дедовская библия, которую он любил читать, и часто думал что-то про себя стыдливо и печально. Никогда его в Лозищах умным не считали, и парни нередко издевались над ним, может быть, потому, что он, несмотря на свою необычайную силу, драться не любил.

Был у него задушевный приятель, Иван Лозинский-Дыма, человек уже совсем другого рода: небольшого роста, не сильный, но веселый, разговорчивый и острый. Дыма был сухощав, говорлив, подвижен, волосы у него торчали щетиной, глаза бегали и блестели, язык имел быстрый, находчивый, усы носил длинные, по-казачьи — книзу. Никто его дураком не считал, и он никому не давал спуску. Но если кого заденет своим колючим словом, то уже, бывало, все старается держаться поближе к Матвею, потому что на руку был не силен и в драке ни с кем устоять не мог:

Когда узнали в Лозищах, что и эти двое собрались в Америку, то как-то всем это стало неприятно.

— Да где же тебе, Матвей, — говорили приятели, — в такую даль забираться? Ты глуп, а Иван слаб. Да вас там в Америке гуси затопчут.

Но Матвей отвечал:

— Будь, что бог даст. А я от сестры да от Дымы не отстану.

Так и поехали втроем в дальнюю дорогу... Не стоит описывать, как они переехали через границу и проехали через немецкую землю; все это не так уж трудно. К тому же, в Пруссии немало встречалось и своих людей, которые могли указать, как и что надо делать дорогой.

Довольно будет сказать, что приехали они в Гамбург и, взявши свои пожитки, отправились, не долго думая, к реке, на пристань, чтобы там узнать, когда следует ехать дальше.

А Гамбург немецкий город, стоит на большой реке, не очень далеко от моря, и оттуда ходят корабли во все стороны. Вот видят наши лозищане в одном месте, на берегу, народу видимо-невидимо, бегут со всех сторон, торопятся и толкаются так, как будто человек — какое-нибудь бревно на проезжей дороге. А с берега, от пристани два пароходика все возят народ на корабль, потому что корабли, которые ходят по океану, стоят на середине поодаль, на самом глубоком месте. Видят лозищане, что один корабль дымится, а к нему то и дело пристают пароходы. Выкинут в него народ, сундуки, узлы и чемоданы — и тотчас же опять к пристани, и опять нагружаются, и везут снова.

Вот Иван Дыма, рассмотревши все хорошенько, догадался первый.

— А знаете, — говорит, — что я вам скажу: это, должно быть, корабль в Америку, потому что очень велик. Вот мы и попали как раз. Давай, Матвей, пробираться вперед.

Поставили они женщину с билетом впереди и пошли проталкивать ее между народом. Дошли до самого края пристани, а там уж, видно, последнюю партию принимают. Боже мой, что только творилось на этой пристани: и плачут, и кричат, и смеются, и обнимаются, и ругаются, и машут платками. И редкое лицо не взволновано, и на редких глазах не сверкают прощальные слезы... И все кругом — чужой язык звучит, незнакомая речь хлещет в уши, непонятная и дикая, как волна, что брызжет пеной под ногами. Закружились у наших лозищан головы, забились сердца, глаза так и впились вперед, чтобы как-нибудь не отстать от других, чтобы как-нибудь их не оставили в этой старой Европе, где они родились и прожили полжизни...

Матвею Лозинскому нетрудно было пробить всем дорогу, и через две минуты Лозинская стояла уже со своим сундуком у самого мостика и в руках держала билет. А пароходик уже свистнул два раза жалобно и тонко, и черный дым пыхнул из его трубы в сырой воздух, — видно, что сейчас уходить хочет, а пока лозищане оглядывались, — раздался и третий свисток, и что-то заклокотало под ногами так сильно, что наши даже вздрогнули и невольно подались назад. А в это время какой-то огромный немец, с выпученными глазами и весь в поту, суетившийся всех больше на пристани, увидел Лозинскую, выхватил у нее билет, посмотрел, сунул ей в руку, и не успели лозищане оглянуться, как уже и женщина, и ее небольшой узел очутились на пароходике. А в это время два других матроса сразу двинули мостки, сшибли с ног Дыму, отодвинули Матвея и выволокли мостки на пристань. Кинулись наши лозищане к высокому немцу.

— А побойся ты бога, человече! — закричал ему Дыма. — Да это же наша родная сестра, мы хотим ехать вместе.

Дыма, конечно, схитрил, называя себя родным братом Лозинской, да какая уж там к чорту хитрость, когда немец ни слова не понимает. А тут пароходик отваливает, а с парохода Катерина так разливается, что даже изо всех немецких голосов ее голос слышен. Завернули лозищане полы, вытащили, что было денег, положили на руки, и пошел Матвей опять локтями работать. Стали опять впереди, откуда еще можно было вскочить на пароход, и показывают немцу деньги, чтобы он не думал, что они намерены втроем ехать по одному бабьему билету. Дыма так даже отобрал небольшую монетку и тихонько сунул ее в руку немцу. Сунул и сам же зажал ему руку, чтобы монета не вывалилась, и показывает ему на пароходик и на женщину, которая в это время уже начала терять голос от испуга и плача...

Ничего не вышло! Немец, положим, монету не бросил и даже сказал что-то довольно приветливо, но когда наши друзья отступили на шаг, чтобы получше разбежаться и вскочить на пароходик, немец мигнул двум матросам, а те, видно, были люди привычные: сразу так принялись за обоих лозищан, что нечего было думать о скачке.

— Матвей, Матвей, — закричал было Дыма, — а ну-ка, попробуй с ними по-своему. Как раз теперь это и нужно! — Но в это время оба отлетели, и Дыма упал, задравши ноги кверху.

Когда он поднялся, — пароходик уже скользил, поворачиваясь, вдоль пристани. Показались кожухи, заворочались колеса, обдавая пристань мутными брызгами, хвост дыма задел по лицам густо столпившуюся публику, потом мелькнуло заплаканное лицо испуганной Лозинской, и еще через минуту — между пристанью и пароходом залегла бурливая и мутная полоса воды в две-три сажени. Колеса ударили дружнее, и полоса растянулась в десять — двадцать сажен, — а пароходик стал уменьшаться, убегая среди мглистого воздуха, под мутным небом, по мутной реке...

Лозищане глядели, разинувши рты, как он пристал к одному кораблю, как что-то протянулось с него на корабль, точно тонкая жердочка, по которой, как муравьи, поползли люди и вещи. А там и самый корабль дохнул черным дымом, загудел глубоким и гулким голосом, как огромный бугай в стаде коров, — и тихо двинулся по реке, между мелкими судами, стоявшими по сторонам или быстро уступавшими дорогу.

Лозищане чуть не заплакали, провожая глазами эту громаду, увезшую у них из-под носа бедную женщину в далекую Америку.

Народ стал расходиться, а высокий немец снял свою круглую шляпу, вытер платком потное лицо, подошел к лозищанам и ухмыльнулся, протягивая Матвею Дышлу свою лапу. Человек, очевидно, был не из злопамятных; как не стало на пристани толкотни и давки, он оставил свои манеры и, видно, захотел поблагодарить лозищан за подарок.

— Вот видишь, — говорит ему Дыма. — Теперь вот кланяешься, как добрый, а сам подумай, что ты с нами наделал: родная сестра уехала одна. Поди ты к чорту! — Он плюнул и сердито отвернулся от немца.

А в это время корабль уже выбрался далеко, подымил еще, все меньше, все дальше, а там не то, что Лозинскую, и его уже трудно стало различать меж другими судами, да еще в тумане. Защекотало что-то у обоих в горле.

— Собака ты, собака! — говорит немцу Матвей Дышло.

— Да! говори ты ему, когда он не понимает, — с досадой перебил Дыма. — Вот если бы ты его в свое время двинул в ухо, как я тебе говорил, то, может, так или иначе, мы бы теперь были на пароходе. А уж оттуда все равно в воду бы не бросили! Тем более, у нас сестра с билетом!

— Кто знает, — ответил Матвей, почесывая в затылке.

— Правду тебе сказать, — хоть оно двинуть человека в ухо и недолго, а только не видал я в своей жизни, чтобы от этого выходило что-нибудь хорошее. Что-нибудь и мы тут не так сделали, верь моему слову. Твое было дело — догадаться, потому что ты считаешься умным человеком.

Как это бывает часто, приятели старались свалить вину друг на друга. Дыма говорит: надо было помочь кулаком, Матвей винит голову Дымы. А немец стоит и дружелюбно кивает обоим...

Потом немец вынул монету, которую ему Дыма сунул в руку, и показывает лозищанам. Видно, что у этого человека все-таки была совесть; не захотел напрасно денег взять, щелкнул себя пальцем по галстуку и говорит: "Шнапс", а сам рукой на кабачок показал. "Шнапс", это на всех языках понятно, что значит. Дыма посмотрел на Матвея, Матвей посмотрел на Дыму и говорит:

— А что ж теперь делать. Конечно, надо итти. Пешком по воде не побежишь, а от этого немецкого чорта все-таки, может, хоть что-нибудь доберемся...

Пошли. А в кабаке стоит старый человек, с седыми, как щетина, волосами, да и лицо тоже все в щетине. Видно сразу: как ни бреется, а борода все-таки из-под кожи лезет, как отава после хорошего дождя. Как увидели наши приятели такого шероховатого человека посреди гладких и аккуратных немцев, и показалось им в нем что-то знакомое. Дыма говорит тихонько:

— Это, должно быть, минский или могилевский, а то из Пущи.

Так и вышло. Поговоривши с немцем, кабатчик принес четыре кружки с пивом (четвертую для себя) и стал разговаривать. Обругал лозищан дураками и объяснил, что они сами виноваты.

— Надо было зайти за угол, где над дверью написано: "Billetenkasse". Billeten — это и дураку понятно, что значит билет, а Kasse так касса и есть. А вы лезете, как стадо в городьбу, не умея отворить калитки.

Матвей опустил голову и подумал про себя: "Правду говорит — без языка человек, как слепой или малый ребенок". А Дыма, хоть, может быть, думал то же самое, но так как был человек с амбицией, то стукнул кружкой по столу и говорит:

— Долго ли ты будешь ругаться, старый! Лучше принеси еще по кружке и скажи, как нам теперь быть.

Всем это понравилось, — увидели, что человек с самолюбием и находчивый. Немец потрепал Дыму по плечу, а хозяин принес опять четыре кружки на подносе.

— Ну, как же нам ее догонять? — спрашивает Дыма.

— Беги за ней, может, догонишь, — ответил кабатчик. — Ты думаешь, на море, как в поле на телеге. Теперь, — говорит, — вам надо ждать еще неделю, когда пойдет другой эмигрантский корабль, а если хотите, то заплатите подороже: скоро идет большой пароход, и в третьем классе отправляется немало народу из Швеции и Дании наниматься в Америке в прислуги. Потому что, говорят, американцы народ свободный и гордый, и прислуги из них найти трудно. Молодые датчанки и шведки в год-два зарабатывают там хорошее приданое.

— Пожалуй, дорого, — сказал Дыма, но Матвей возразил:

— Побойся ты бога! Ведь женщину нельзя заставлять ждать целую неделю. Ведь она там изойдет слезами. — Матвею представлялось, что в Америке, на пристани, вот так же, как в селе у перевоза, сестра будет сидеть на берегу с узелочком, смотреть на море и плакать...

Переночевали у земляка, на утро он сдал лозищан молодому шведу, тот свел их на пристань, купил билеты, посадил на пароход, и в полдень поплыли наши Лозинские — Дыма и Дышло — догонять Лозинскую Оглоблю...

III

Проходит день, проходит другой. Солнце садится в море с одной стороны, на утро подымается из моря с другой. Плещет волна, ходят туманные облака, летают за кораблем чайки, садятся на мачты, потом как будто отрываются от них ветром и, колыхаясь с боку на бок, как клочки белой бумаги, отстают, отстают и исчезают назади, улетая обратно, к европейской земле, которую наши лозищане покинули навеки. Матвей Лозинский провожает их глазами и вздыхает. Вот, думает он: и чайка боится лететь дальше, а мы полетели. И рисуется перед ним сосновый лес, под лесом речка с бледною лозой, над речкой — бедные соломенные хаты. И кажется, — вернулся бы назад к прежней беде, родной и знакомой.

А море глухо бьет в борты корабля, и волны, как горы, подымаются и падают с рокотом, с плеском, с глухим стоном, как будто кто грозит и жалуется вместе. Корабль клонит-клонит, вот, кажется, совсем перевернется, а там опять начнет подниматься с кряхтением и скрипом. Гнутся и скрипят мачты, сухо свистит ветер в снастях, а корабль все идет и идет; над кораблем светит солнце, над кораблем стоит темная ночь, над кораблем задумчиво висят тучи или гроза бушует и ревет на океане, и молнии падают в колыхающуюся воду. А корабль все идет и идет...

Матвей Дышло говорил всегда мало, но часто думал про себя такое, что никак не мог бы рассказать словами. И никогда еще в его голове не было столько мыслей, смутных и неясных, как эти облака и эти волны, — и таких же глубоких и непонятных, как это море. Мысли эти рождались и падали в его голове, и он не мог бы, да и не старался их вспомнить, но чувствовал ясно, что от этих мыслей что-то колышется и волнуется в самой глубине его души, и он не мог бы сказать, что это такое...

К вечеру океан подергивался темнотой, небо угасало, а верхушки волны загорались каким-то особенным светом... Матвей Дышло заметил прежде всего, что волна, отбегавшая от острого корабельного носа, что-то слишком бела в темноте, павшей давно на небо и на море. Он нагнулся книзу, поглядел в глубину и замер...

Вода около корабля светилась, в воде тихо ходили бледные огни, вспыхивая, угасая, выплывая на поверхность, уходя опять в таинственную и страшную глубь... И казалось Матвею, что все это живое: и ход корабля, и жалобный гул, и грохот волны, и движение океана, и таинственное молчание неба. Он глядел в глубину, и ему казалось, что на него тоже кто-то глядит оттуда. Кто-то неизвестный, кто-то удивленный, кто-то испуганный и недовольный... От века веков море идет своим ходом, от века встают и падают волны, от века поет море свою собственную песню, непонятную человеческому уху, и от века в глубине идет своя собственная жизнь, которой мы не знаем. И вот, теперь в эту вековечную гармонию, в это живое движение вмешался дерзкий и правильный ход корабля... И песня моря дрогнула и изменилась, и волны разрезаны и сбиты, и кто-то в глубине со страхом прислушивается к этому ходу непонятного чудовища из другого, непонятного мира. Конечно, Лозинский не мог бы рассказать все это такими словами, но он чувствовал испуг перед тайной морской глубины. И казалось Лозинскому, что вот он смотрит со страхом сверху, а на него с таким же ужасом кто-то смотрит снизу. Смотрит и сердится, и посылает своих посланцев с огнями, которые выплывают наверх и ходят взад и вперед, и узнают что-то, и о чем-то тихо советуются друг с другом, и все-таки печально уходят в безвестную пучину, ничего не понимая... А корабль все бежит неудержимым бегом к своей собственной цели...

И много в эти часы думал Матвей Лозинский, — жаль только, что все эти мысли подымались и падали, как волны, не оставляя заметного следа, не застывая в готовом слове, вспыхивали и гасли, как морские огни в глубине... А впрочем, он говорил после и сам, что никогда не забудет моря. "Человек много думает на море разного, — сказал он мне, — разное думает о себе и о боге, о земле и о небе... Разное думается человеку на океане — о жизни, мой господин, и о смерти..." И по глазам его было видно, что какой-то огонек хочет выбиться на поверхность из безвестной глубины этой простой и темной души... Значит, что-то все-таки осталось в этой душе от моря.

Да, наверное, оставалось... Душа у него колыхалась, как море, и в сердце ходили чувства, как волны. И порой слеза подступала к глазам, и порой — смешно сказать — ему, здоровенному и тяжелому человеку, хотелось кинуться и лететь, лететь, как эти чайки, что опять стали уже появляться от американской стороны... Лететь куда-то вдаль, где угасает заря, где живут добрые и счастливые люди...

После Лозинский сам признавался мне, что у него в то время были такие мысли, которые никогда не заходили в голову ни в Лозищах, когда он шел за сохой, ни на ярмарке в местечке, ни даже в церкви. Там все были обыкновенные мысли, какие и должны быть в своем месте и в свое время. А в океане мысли были все особенные и необычные. Они подымались откуда-то, как эти морские огни, и он старался присмотреться к ним поближе, как к этим огням... Но это не удавалось. Пока он не следил за ними, они плыли одна за другой, вспыхивали и гасли, лаская душу и сердце. А как только он начинал их ловить и хотел их рассказать себе словами, — они убегали, а голова начинала болеть и кружиться.

Разумеется, все оттого, что было много досуга, а перед глазами ходил океан и колыхался, и гремел, и сверкал, и угасал, и светился, и уходил куда-то в бесконечность...

На третий день пути, выйдя на палубу, он увидел впереди корабль. Сначала ему показалось, что это маленький игрушечный кораблик запутался между снастями того парохода, на котором они сами плыли. Но это оттого, что прозрачный и ясный воздух приближал все, а кругом, кроме воды, ничего не было. Парусный корабль качался и рос, и когда поравнялся с ними, то Лозинский увидел на нем веселых людей, которые смеялись и кланялись и плыли себе дальше, как будто им не о чем думать и заботиться, и жизнь их будто всегда идет так же весело, как их корабль при попутном ветре... А в другой раз в сильную качку, когда на носу их парохода стояла целая туча брызгов, он опять смотрел, как такой же кораблик, весь наклонившись набок, летел, как птица. Волны вставали и падали, как горы, и порой с замиранием сердца Лозинский и другие пассажиры смотрели и не видели больше смелого суденышка. Но оно опять взлетало на вершину, и опять его парус касался пены, будто крыло чайки, — и он колыхался и шел, шел и колыхался... А Лозинский думал про себя, что это, должно быть, уже американцы. Смелые, видно, люди! И вот он едет к ним, простой и робкий лозищанин... Как-то они его встретят, и зачем он им нужен?.. И какой-то он будет сам через десяток лет?..

И ему казалось, что и теперь он уже другой, не тот, что ходил за сохой в Лозищах или в праздник глазел на базар в соседнем городе. Уже одно то, что он видел это колыхающееся без конца море, эти корабли, этих странных, чужих людей... То, что его глаз смотрел в тайну морской глубины и что он чувствовал ее в душе и думал о ней и об этих чужих людях, и о себе, когда он приедет к ним, — все это делало его как будто другим человеком. И он вглядывался вперед, в яркую синеву неба или в пелену морских туманов, как будто искал там свое место и свое будущее...

В одну из таких минут, когда неведомые до тех пор мысли и чувства всплывали из глубины его темной души, как искорки из глубины темного моря, он разыскал на палубе Дыму и спросил:

— Послушай, Дыма. Как ты думаешь, все-таки: что это у них там за свобода?

Но Дыма ответил сердито:

— Убирайся ты... Поищи себе трясцу (лихорадку) или паралича, чтобы тебя разбило вдребезги ясным громом.

Это оттого, что бедному Дыме в эту минуту был не мил белый свет. Потому что, когда корабль раскачивало направо и налево, то от кормы к носу, то опять от носа к корме, — тогда небо, казалось, вот-вот опрокинется на море, а потом опять море все разом лезло высоко к небу. От этого у бедного Дымы страшно кружилась голова, что-то тосковало под ложечкой, и он все подходил к борту корабля и висел книзу головой, точно тряпка, повешенная на плетне для просушки. Бедного Дыму сильно тошнило, и он кричал, что это проклятое море вывернет его наизнанку, и заклинал Христом-богом, чтобы корабль пристал к какому-нибудь острову, и чтоб его, Дыму, высадили хоть к дикарям, если не хотят загубить христианскую душу. Сначала Матвей очень дивился тому, что у Дымы оказался такой непостоянный характер, и даже пробовал всячески стыдить его. Но потом увидел, что это не с одним Дымой; многие почтенные люди и даже шведские и датские барышни, которые плыли в Америку наниматься в горничные и кухарки, так же висели на бортах, и с ними было все то же, что и с Дымой. Тогда Матвей понял, что это на океане дело обыкновенное. Самому ему становилось иногда неприятно—и только; Дыма — человек нервный — проклинал и себя, и Осипа, и Катерину, и корабль, и того, кто его выдумал, и всех американцев, даже еще не рожденных на свет... Порой, кажется, он готов был даже кощунствовать, но все-таки сдерживался... Потому что на море оно как-то не так легко, как иной раз на земле...

А все-таки мысль о свободе сидела в голове у Матвея. И еще на берегу, в Европе, когда они разговорились с могилевцем-кабатчиком, тогда сам Дыма спросил у него первый:

— А что, скажите на милость... Какая там у них, люди говорят, свобода?

— А, рвут друг другу горла, — вот и свобода... — сердито ответил тот. — А впрочем, — добавил он, допивая из кружки свое пиво, — и у нас это делают, как не надо лучше. Поэтому я, признаться, не могу понять, зачем это иным простакам хочется, чтобы их ободрали непременно в Америке, а не дома...

— Это вы, кажется, кинули камень в наш огород, — сказал тогда догадливый Дыма.

— Мне до чужих огородов нет дела, — ответил могилевец уклончиво, — я говорю только, что на этом свете кто перервал друг другу горло, тот и прав... А что будет на том свете, это когда-нибудь увидите и сами... Не думаю, однако, чтобы, было много лучше.

Кабатчик, видимо, видал в жизни много неприятностей. Ответ его не понравился лозищанам и даже немного их обидел.

17

Что люди всюду рвут друг друга, — это, конечно, может быть, и правда, но свободой, — думали они, — наверное, называется что-нибудь другое. Дыма счел нужным ответить на обидный намек.

— А это, я вам скажу, всюду так: как ты кому, так и тебе люди: мягкому и на доске мягко, а костистому жестко и на перине. А такого шероховатого человека, как вы, я еще, признаться, и не видывал...

Таким образом, разговор тогда кончился немного кисло...

Теперь с лозищанами на корабле плыл еще, чех, человек уже старый и невеселый, но приятный. Его выписал сын, который хорошо устроился в Америке. Старик ехал, но, по его словам, лучше было бы, если бы сын хорошо устроился на родине. Тогда бы и ехать незачем. Чешская речь все-таки, славянская. Поляку могло показаться, что это он говорит по-русски, а русскому — что по-польски. Наши же лозищане говорили на волынском наречии: не по-русски и не по-польски, да не совсем и по-украински, а всех трех языков намешано понемногу. Поэтому им было легче. Дыма, к тому же — человек, битый не в темя, разговорился скоро. Где нехватало языка, он помогал себе и руками, и головой, и ногами. Где щелкнет, где причмокнет, где хлопнет рукой, — одним словом, как-то скоро стали они с чехом приятели. А чех говорит по-немецки, значит, можно было кое-что узнать через него и от немцев. А уже через немцев — и от англичан...

Вот, когда ветер стихал, и погода становилась яснее, Дыму и других отпускала болезнь, и становилось на пароходе веселее. Тогда пассажиры третьего класса выползали на носовую палубу, долговязый венгерец начинал играть на дудке, молодой немец на скрипке, а молодежь брала шведских барышень за талью и кружилась, обходя осторожно канаты и цепи. И над океаном неслись далеко звуки музыки, а волна подпевала и шаловливо кидала кверху белую пену и брызги, и дельфины скакали, обгоняя корабль. А на душе становилось и весело, и грустно.

В это время Дыма с чехом усаживались где-нибудь в уголке, брали к себе еще англичанина или знающего немца, и Дыма учился разговаривать. Англичанин говорил немцу, немец — чеху, а уж чех передавал Дыме. Прежде всего, разумеется, он выучился американскому счету и затверживал его, загибая пальцы. Потом узнал, как называть хлеб и воду, потом плуг и лошадь, дом, колодезь, церковь. И все списывал на бумажке и твердил про себя. Он старался обучить и Матвея, но тому давалось трудно. Только и выучил по-английски "три", — потому что у них три называется по-нашему. А потом у старого чеха Дыма тоже спросил, что такое свобода. Это, говорит, сделана у них на острове такая медная фигура. Стоит выше самых высоких домов и церквей, подняла руку кверху. А в руке — факел, такой огромный, что светит далеко в море. Внутри лестница, — и можно войти в голову, и в руку, и даже на верхушку факела. Вечером зажигают огонь во лбу и около факела, и тогда выходит сияние, точно от месяца и даже много ярче. И называется эта медная женщина — свобода.

Дыма передал этот разговор Матвею, но обоим казалось, что это опять не то: один говорит: "раут горло", другой говорит: "фигура, которая светится"... А Матвею почему-то вспоминался все старый дед Лозинский-Шуляк, который подарил ему библию. Старик умер, когда Матвей еще был ребенком; но ему вспоминались какие-то смутные рассказы деда о старине, о войнах, о Запорожьи, где-то в степях на Днепре... И теперь, как память о странном сне, рассказанном старым дедом, рисовалась эта старина и какой-то простор, и какая-то дикая воля... "А если встретишь, бывало, татарина или хоть кого другого... Ну, тут уже кому бог поможет", — вспоминались слова деда... Что же, — думал он, — тоже, выходит, "рвали горло"... Потом он вспоминал, что была над народом панская "неволя". Потом пришла "воля"... Но свободы все как будто не было. У него кружилась голова, мысли туманились, а в душе оставался все-таки нерешенный вопрос.

IV

На седьмой день пал на море страшный туман. Такой туман, что нос парохода упирался будто в белую стену и едва было видно, как колышется во мгле притихшее море. Раза два-три, прямо у самого парохода, проплыли какие-то водоросли, и Лозинский подумал, что это уже близко Америка. Но Дыма узнал через своего чеха, что это как раз середина океана. Только не очень далеко на полдень — мелкое место. И здесь теплая струя ударяется в мель и идет на полночь, а тут же встречается и холодная струя с полночных морей. И оттого над морем в этом месте все гнездится туман. Пароход шел тихо, и необыкновенно громкий свисток ревел гулко и жалобно, а стена тумана отдавала этот крик, как эхо в густом лесу. И становилось всем жутко и страшно.

И в это время на корабле умер человек. Говорили, что он уже сел больной; на третий день ему сделалось совсем плохо, и его поместили в отдельную каюту. Туда к нему ходила дочь, молодая девушка, которую Матвей видел несколько раз с заплаканными глазами, и каждый раз в его широкой груди поворачивалось сердце. А наконец, в то время, когда корабль тихо шел в густом тумане, среди пассажиров пронесся слух, что этот больной человек умер.

И действительно, на корабле все почувствовали смерть... Пассажиры притихли, доктор ходил серьезный и угрюмый, капитан с помощником совещались, и потом, через день, его похоронили в морс. Завернули в белый саван, привязали к ногам тяжесть, какой-то человек, в длинном черном сюртуке и широком белом воротнике, как казалось Матвею, совсем непохожий на священника, прочитал молитвы, потом тело положили на доску, доску положили на борт, и через несколько секунд, среди захватывающей тишины, раздался плеск... Вместе с этим кто-то громко крикнул, молодая девушка рванулась к морю, и Матвей услышал ясно родное слово: "Отец, отец!" Между тем, корабль, тихо работавший винтами, уже отодвинулся от этого места, и самые волны на том месте

20

смешались с белым туманом. От человека не осталось и следа... Туман сомкнулся позади плотной стеной, и туман был впереди, а пароходный ревун стонал и будто бы надрывался над печальной человеческой судьбой...

Скоро, однако, другие события закрыли собой эту смерть... В этот же день небольшая парусная барка только-только успела вывернуться из-под носа у парохода. Но это еще ничего. Люди на барке махали шляпами и смеялись на расстоянии каких-нибудь пяти саженей. Они были в клеенчатых куртках и странных шляпах... Другой раз чуть не вышло еще хуже. Среди белого дня, в молочной мгле что-то, видно, почудилось капитану. Пароход остановили, потом отошли назад, как будто убегали от кого-то, кто двигался в тумане. Потом стали в ожидании. И вдруг Лозинский увидел вверху, как будто во мгле, встало облако с сверкающими краями, а в воздухе стало холоднее и повеяло острым ветром. Пароход повернулся и тихо, будто украдкой, стал уползать в глубь тумана налево. А направо было не облако, а ледяная гора. Лозинский не верил своим глазам, чтобы можно было видеть разом такую огромную гору чистого льда. Но это видели все. На пароходе все притихло, даже винт работал осторожнее и тише. А гора плыла, тихонько покачиваясь, и вдруг исчезла совсем, будто растаяла...

Наши двое лозищан и чех тотчас же сняли шапки и перекрестились. Немцы и англичане не имеют обычая креститься, кроме молитвы. Но и они также верят в бога и также молятся, и когда пароход пошел дальше, то молодой господин в черном сюртуке с белым воротником на шее (ни за что не сказал бы, что это священник) встал посреди людей, на носу, и громким голосом стал молиться. И люди молились с ним и пели какие-то канты, и священное пение смешивалось с гулким и жалобным криком корабельного ревуна, опять посылавшего вперед свои предостережения, а стена тумана опять отвечала, только еще жалобнее и еще глуше...

А море тоже все более стихало и лизало бока корабля, точно ласкалось и просило у людей прощения...

Женщины после этого долго плакали и не могли

успокоиться. Особенно жалко было Лозинскому молодую сироту, которая сидела в стороне и плакала, как ребенок, закрывая лицо углом шерстяного платка. Он уже и сам не знал, как это случилось, но только он подошел к ней, положил ей на плечо свою тяжелую руку и сказал:

— Будет уже тебе плакать, малютка, бог милостив. Девушка подняла голубые глаза, посмотрела на Лозинского и ответила:

— А! Как мне не плакать... Еду одна на чужую сторону. На родине умерла мать, на корабле отец, а в Америке где-то есть братья, да где они, — я и не знаю... Подумайте сами, какая моя доля!

Лозинский постоял, посмотрел и не сказал ей ничего. Он не любил говорить на ветер, да и его доля была тоже темна. А только с этих пор, где бы он ни стоял, где бы он ни сидел, что бы ни делал, а все думал об этой девушке и следил за нею глазами.

И тогда же Лозинский сказал себе самому: "А вот же, если я найду там в широком и неведомом свете свою долю, то это будет также и твоя доля, малютка. Потому что человеку как-то хочется кого-нибудь жалеть и любить, а особенно, когда человек на чужбине".

На двенадцатый день народ начал все набираться на носу, как муравьи на плавучей щепке, когда ее прибивает ветром к берегу ручья. Из этого наши лозищане поняли, что, должно быть, недалеко уже американская земля. И, действительно, Матвей, у которого глаза были острые, увидел первый, что над синим морем направо встала будто белая игла. Потом она поднялась выше, и уже ясно было видно, что это белый маяк. По волнам то и дело неслись лодки с косым парусом, белые пароходы, с окнами, точно в домах, маленькие пароходики, с коромыслами наверху, каких никогда еще не приходилось видеть лозищанам. А там, в синеватой мгле, стало проступать что-то, что-то заискрилось, что-то забелело, что-то вытягивалось и пестрело. Пошли острова с деревьями, пошла длинная коса с белым песком. На косе что-то громыхало и стучало, и черный дым валил из высокой трубы.

Дыма толкнул Лозинского локтем.

— Видишь? Чех говорил правду.

Матвей посмотрел вперед. А там, возвышаясь над самыми высокими мачтами самых больших кораблей, стояла огромная фигура женщины, с поднятой рукой. В руке у нее был факел, который она протягивала навстречу тем, кто подходит по заливу из Европы к великой американской земле.

Пароход шел тихо, среди других пароходов, сновавших, точно водяные жуки, по заливу. Солнце село, а город все выплывал и выплывал навстречу, дома вырастали, огоньки зажигались рядами и в беспорядке дрожали в воде, двигались и перекрещивались внизу, и стояли высоко в небе. Небо темнело, но на нем ясно еще рисовалась высоко в воздухе тонкая сетка огромного, невиданного моста.

Исполинские дома в шесть и семь этажей ютились внизу, под мостом, по берегу; фабричные трубы не могли достать до моста своим дымом. Он повис над водой, с берега на берег, и огромные пароходы пробегали под ним, как ничтожные лодочки, потому что это самый большой мост во всем божьем свете... Это было направо, а налево уже совсем близко высилась фигура женщины, — и во лбу ее, еще споря с последними лучами угасавшей в небе зари, загоралась золотая диадема, и венок огоньков светился в высоко поднятой руке...

А сердце Лозинского трепетало и сжималось от ужаса. Только теперь он понял, что такое эта Америка, на берегу которой он думал встретить Лозинскую. Он ждал, что она будет сидеть тут где-то со своим узелком. "Боже мой, боже мой, — думал Матвей. — Да здесь человек, как иголка в траве, или капля воды, упавшая в море..." Пароход шел уже часа два в виду земли, в виду построек и пристаней, а город все развертывал над заливом новые ряды улиц, домов и огней... И с берега, сквозь шум машины, неслось рокотание и гул. Казалось, кто-то дышит, огромный и усталый, то опять кто-то жалуется и сердится, то кто-то ворочается и стонет... и опять только гудит и катится, как ветер в степи, то опять говорит смешанными голосами...

Лозинский отыскал Анну, — молодую девушку, с которой он познакомился, — и сказал:

— Держись, малютка, меня и Дымы. Видишь, что тут деется в этой Америке. Не дай боже!

Девушка схватила его за руку, и не успел сконфуженный Матвей оглянуться, как уж она поцеловала у него руку. Потому что бедняжка, видно, испугалась Америки еще хуже, чем Лозинский.

Пароход остановился на ночь в заливе, и никого не спускали до следующего утра. Пассажиры долго сидели на палубах, потом большая часть разошлась и заснула. Не спали только те, кого, как и наших лозищан, пугала неведомая доля в незнакомой стране. Дыма, впрочем, первый заснул себе на лавке. Анна долго сидела рядом с Матвеем, и порой слышался ее тихий и робкий голос,

Лозинский молчал. Потом и Анна заснула, склонясь усталой головой на свой узел.

И только Матвей просидел всю теплую ночь, пока свет на лбу статуи не померк и заиграли отблески зари на волнах, оставляемых бороздами возвращавшихся с долгой ночной работы пароходов...

На следующее утро пришли на пароход американские таможенные чиновники, давали подписывать какую-то бумагу, а между тем, корабль потихоньку стали подтягивать к пристани. И было как-то даже грустно смотреть, как этот морской великан лежит теперь на воде, без собственного движения, точно мертвый, а какой-то маленький пароходишко хлопочет около него, как живой муравей около мертвого жука. То потянет его за хвост, то забежит с носу, и свистит, и шипит, и вертится... А пристань оказалась — огромный сарай, каких много было на берегу. Они стояли рядами, некрасивые, огромные и мрачные. Только на одной толпились американцы, громко визжали, свистели и кричали "ура". Матвей посмотрел туда с остатком надежды увидеть сестру — и махнул рукой. Где уж!

Наконец пароход подтянули. Какой-то матрос, ловкий, как дьявол, взобрался кверху, под самую крышу сарая, и потом закачался в воздухе вместе с мостками, которые спустились на корабль. И пошел народ выходить на американскую землю...

Скучно было нашим... Пошли и они — не оставаться же на корабле вечно. А если сказать правду, то Матвею приходило в голову, что на корабле было лучше. Плывешь себе и плывешь... Небо, облака, да море, да вольный ветер, а впереди, за гранью этого моря, — что бог даст... А тут вот тебе и земля, а что в ней... Всех кто-нибудь встречает, целует, обнимаются, плачут. Только наших лозищан не встречает никто, и приходится итти самим искать неведомую долю. А где она?.. Куда ступить, куда податься, куда поставить ногу и в какую сторону повернуться, — неизвестно. Стали наши, в белых свитках, в больших сапогах, в высоких бараньих шапках и с большими палками в руках, — с палками, вырезанными из родной лозы, над родною речкою, — и стоят, как потерянные, и девушка со своим узелком жмется меж ними.

— Жид! А ей же богу, пусть меня разобьет ясным громом, если это не жид, — сказал вдруг первый Дыма указывая на какого-то господина, одетого в круглую шляпу и в кургузый, потертый пиджак. Хотя рядом с ним стоял молодой барчук, одетый с иголочки и уже вовсе не похожий на жиденка, — однако, когда господин повернулся, то уже и Матвей убедился с первого взгляда, что это непременно жид, да еще свой, из-под Могилева или Житомира, Минска или Смоленска, вот будто сейчас с базара, только переоделся в немецкое платье.

Обрадовались они этому человеку, будто родному. Да и жид, заметив белые свитки и барашковые шапки, тотчас подошел и поклонился.

— Ну, поздравляю с приездом. Как ваше здоровье, господа? Я сразу вижу, что это приехали земляки.

— А что, — сказал Дыма с торжествующим видом. — Не говорил я? Вот ведь какой это народ хороший! Где нужно его, тут он и есть. Здравствуйте, господин еврей, не знаю, как вас назвать.

— А! Звали когда-то Борух, а теперь зовут Борк, мистер Борк, — к вашим услугам, — сказал еврей и как-то гордо погладил бородку.

— А! Чтоб тебя! Ну, слушай же ты, Берко...

— Мистер Борк, — поправил еврей с еще большею гордостью.

— Ну, пускай так, мистер так и мистер, чтоб тебя схватило за бока... А где же тут хорошая заезжая станция, чтобы, знаешь, не очень дорого и не очень уж плохо. Потому что, видишь ты... Мы хоть в простых свитках, а не совсем уже мужики... однодворцы... Притом еще с нами, видишь сам, девушка...

— Ну, разве я уж сам не могу различить, с кем имею дело, — ответил мистер Борк с большою политикой. — Что вы обо мне думаете?.. Пхе! Мистер Борк дурак, мистер Борк не знает людей... Ну, только и я вам скажу это ваше большое счастье, что вы попали сразу на мистера Борка. Я ведь не каждый день хожу на пристань, зачем я стал бы каждый день ходить на пристань?.. А у меня вы сразу имеете себе хорошее помещение, и для барышни найдем комнатку особо, вместе с моею дочкой.

— А, вот видите вы, как оно хорошо, — сказал Дыма и оглянулся, как будто это он сам выдумал этого мистера Борка. — Ну, веди же нас, когда так, на свою заезжую станцию.

— Может, вам нужно взять еще ваш багаж?

— Э! Какой там багаж! Правду тебе сказать, так и все вот тут с нами.

— Ге, это не очень много! Джон!.. — крикнул он на молодого человека, который-таки оказался его сыном. — Ну, чего ты стоишь, как какой-нибудь болван. Таке ту бэгедж оф мисс (возьми у барышни багаж).

Молодой человек оказался не гордый. Он вежливо приподнял шляпу, схватил из рук Анны узелок, и они пошли с пристани.

Прошли через улицу и вошли в другую, которая показалась приезжим какой-то пещерой. Дома темные, высокие, выходы из них узкие, да еще в половину домов поверх улицы сделана на столбах настилка, загородившая небо...

— А, господи! матерь божья! — взвизгнула вдруг в испуге Анна и схватила за руку Матвея.

— Всякое дыхание да хвалит господа, — сказал про себя Матвей. — А что же это еще такое?

— Ай-ай, чего вы это испугались, — сказал жид. — Да это только поезд. Ну, ну, идите, что такое за важность... Пускай себе он идет своей дорогой, а мы пойдем своей. Он нас не тронет, и мы его не тронем. Здесь, я вам скажу, такая сторона, что зевать некогда...

И мистер Борк пошел дальше. Пошли и наши, скрепя сердцем, потому что столбы кругом дрожали, улица гудела, вверху лязгало железо о железо, а прямо над головами лозищан по настилке на всех парах летел поезд. Они посмотрели с разинутыми ртами, как поезд изогнулся в воздухе змеей, повернул за угол, чуть не задевая за окна домов, — и полетел опять по воздуху дальше, то прямо, то извиваясь...

И показалось нашим, привыкшим только к шуму родного бора, да к шепоту тростников над тихою речкой Лозовою, да к скрипу колес в степи, — что они теперь попали в самое пекло. Дома — шапка свалится, как посмотришь. Взглянешь назад — корабельные мачты, как горелый лес; поднимаешь глаза к небу — небо закопчено и еще закрыто этой настилкой воздушной дороги, от которой в улице вечные сумерки. А впереди человек видит опять, как в воздухе, наперерез, с улицы в улицу летит уже другой поезд, а воздух весь изрезан храпом, стоном, лязганием и свистом машин.

— Господи Иисусе, — шептала Анна бледными губами.

Матвей только закусил ус, а Дыма мрачно понурил голову и шагал, согнувшись под своим узлом. А за ним бежали кучи каких-то уличных дьяволят, даже иной раз совсем черных, как хорошо вычищенный сапог, и заглядывали им прямо в лица, и подпрыгивали, и смеялись, а один большой негодяй кинул в Дыму огрызок какого-то плода.

— А ну, это человек, наконец, может потерять всякое терпение, — сказал Дыма, ставя свой узел на землю. — Послушай, Берко...

— Мистер Борк, — поправил еврей.

— А что же, мистер Борк, у вас тут делает полиция?

— А что вам за дело до полиции? — ответил еврей с неудовольствием. — Зачем вам беспокоить полицию такими пустяками? Здесь не такая сторона, чтобы чуть что не так, и сейчас звать полицию...

— Это верно называется свобода, — сказал Дыма очень язвительно. — Человеку кинули в лицо огрызок, — это свобода... Ну, когда здесь уже такая свобода, то послушай, Матвей, дай этому висельнику хорошего пинка, может, тогда они нас оставят в покое.

— Ну, пожалуйста, не надо этого делать, — взмолился Берко, к имени которого теперь все приходилось прибавлять слово "мистер". — Мы уже скоро дойдем, уже совсем близко. А это они потому, что... как бы вам сказать... Им неприятно видеть таких очень лохматых, таких шорстких, таких небритых людей, как ваши милости. У меня есть тут поблизости цирюльник... Ну, он вас приведет в порядок за самую дешевую цену. Самый дешевый цирюльник в Нью-Йорке.

— А это, я вам скажу, хорошая свобода — чтоб ее взяли черти, — сказал Дыма, сердито взваливая себе мешок на спину.

А в это время в Дыму опять полетела корка банана. Пришлось терпеть и итти дальше. Впрочем, прошли немного, как мистер Борк остановился.

— Ну, а теперь, пожалуйста, пойдем на эту лестницу...

— Да куда же это мы пойдем, хотел бы я знать? — сказал Дыма.

И действительно, лестница вела с улицы наверх, на ту самую настилку, что была у них над головами.

— Ну, нам надо сесть в вагон.

— Не пойду, — сказал Дыма решительно. — Бог создал человека для того, чтобы он ходил и ездил по земле. Довольно и того, что человек проехал по этому проклятому морю, которое чуть не вытянуло душу. А тут еще лети, как какая-нибудь сорока, по воздуху. Веди нас пешком.

— Ай-ай! — сказал мистер Борк нетерпеливо, — что же мне с вами делать? Идите, пожалуйста!

— Не пойду! — решительно сказал Дыма и, обращаясь к Матвею и Анне, сказал: — И вы тоже не ходите!

Еврей что-то живо заговорил с сыном, который только

улыбался, — и потом, повернувшись к Дыме, мистер Борк сказал очень решительно:

— Ну, когда вы такой упрямый человек, что все хотите по-своему... то идите, куда знаете. Я себе пойду в вагон, а вы, как хотите... Джон! Отдай барышне багаж. Каждый человек может итти своей дорогой.

Джон усмехнулся, но не торопился отдавать Анне багаж. Матвей взял Дыму за руку и сказал:

— А! Что там! Пойдем уже.

— Пойдем, пожалуйста, — робко сказала и Анна.

— Га! Что делать! В этой стороне, видно, надо ко всему привыкать, — ответил Дыма и, взвалив мешок на плечи, сердито пошел на лестницу.

На первом повороте за конторкой сидел равнодушный американец, которому еврей дал монету, а тот выдал ему 5 билетов. Эти билеты Борк кинул в стеклянную коробку, и все поднялись еще выше и вышли на платформу.

Поезда еще не было. Платформа была вровень с третьими этажами домов. Внизу шли люди, ехали большие фургоны, проходили, позванивая, вагоны конно-железной дороги; вверху, по синему небу плыли облака, белые, светлые, совсем, как наши. "Вот, — думал Матвей, — полетит это облако над землей, над морем, пронесется над Лозищами, заглянет в светлую воду Лозовой речки, увидит лозищанские дома, и поле, и людей, которые едут в поле и с поля, как бог велел, в пароконных телегах и с драбинами. Подумает ли кто-нибудь в Лозищах, что двое лозищан стоят в эту минуту в чужом городе, где над ними сейчас издевались, точно они не христиане и приехали сюда на посмешище... Стоят ни на земле, ни на горе и собираются лететь по воздуху в какой-то машине". "Господи, — думала в это время и Анна, — а ну, как это провалится, а ну, как полетим мы все с этой машиной вниз, на каменную мостовую! Господи Иисусе, дева Мария, святой Иосиф! Всякая душа хвалит господа". Дыма смотрел и кусал длинный ус...

На рельсах вдали показался какой-то круг и покатился, и стал вырастать, приближаться, железо зазвенело и заговорило под ногами, и скоро перед платформой пролетел целый поезд... Завизжал, остановился, открылись затворки — и несколько десятков людей торопливо прошли мимо наших лозищан. Потом они вошли в вагон, заняли пустые места, и поезд сразу опять кинулся со всех ног и полетел так, что только мелькали окна домов...

Матвей закрыл глаза. Анна крестилась под платком и шептала молитвы. Дыма оглядывался кругом вызывающим взглядом. Он думал, что американцы, сидевшие в вагонах, тоже станут глазеть на их шапки и свитки и, пожалуй, кидать огрызками бананов. Но, видно, эти американцы были люди серьезные: никто не пялил глаз, никто не усмехался. Дыме это понравилось, и он немного успокоился...

А там поезд опять остановился, и наши вышли благополучно и опять спустились по лестнице на улицу...

VII

Заезжий двор мистера Борка совсем не походил на наши. Наши, то есть те, что на Волыни, или под Могилевом, или в Полесье, гораздо лучше: длинный, невысокий дом, на белой стене чернеют широкие ворота так приветливо и приятно, что лошади приворачивают к ним сами собой. За въездом — прямо крытый двор, с высокою соломенной стрехой; между стропилами летают тучи воробьев, и голуби воркуют где-то так сладко, а где — и не увидишь... А там — колодезь с воротом, ясли с "драбинами" для лошадей, куры, коза, корова, запах лошадиного пота, запах дегтя и душистого сена... Вспомнить, так и то приятно...

Нужно сказать, что Матвей и Дыма считались в своих местах людьми степенными, знающими, как обращаться в свете. Случалось им не раз, на ярмарке или в праздник, проездом в местечках или в какой-нибудь корчме на шляху, — заставать полным-полно народу, и это их нисколько не смущало. Известное дело, — всякий сам себя знает. Поставил

30

человек лошадь к месту, кинул ей сена с воза или подвязал торбу с овсом, потом сунул кнут себе за пояс, с таким расчетом, чтобы люди видели, что это не бродяга или нищий волочится на ногах по свету, а настоящий хозяин, со своей скотиной и телегой; потом вошел в избу и сел на лавку ожидать, когда освободится за столом место. А пока — оглядел всех, и сразу видно, что за народ послал бог навстречу, и сразу же можно начать подходящий разговор: один разговор с простым мужиком, другой — со своим братом, однодворцем или мещанином, третий — с управляющим или подпанком. Разумеется, знали и свое место: если уже за столом расселся проезжий барин, то, конечно, приходилось и пообождать, хотя бы места было и достаточно. Одним словом, ходили всегда по свету с открытыми глазами, — знали себя, знали людей, а потому от равных видели радушие и уважение, от гордых сторонились, и если встречали от господ иногда какие-нибудь неприятности, то все-таки не часто.

Теперь они сразу стали точно слепые. Не пришли сюда пешком, как бывало на богомолье, и не приехали, а прилетели по воздуху. И двор мистера Борка не похож был на двор. Это был просто большой дом, довольно темный и неприятный. Борк открыл своим ключом дверь, и они взошли наверх по лестнице. Здесь был небольшой коридорчик, на который выходило несколько дверей. Войдя в одну из них, по указанию Борка, наши лозищане остановились у порога, положили узлы на пол, сняли шапки и огляделись.

Комната была просторная. В ней было несколько кроватей, очень широких, с белыми подушками. В одном только месте стоял небольшой столик у кровати, и в разных местах — несколько стульев. На одной стене висела большая картина, на которой фигура "Свободы" подымала свой факел, а рядом — литографии, на которых были изображены пятисвечники и еврейские скрижали. Такие картины Матвей видел у себя на Волыни и подумал, что это Борк привез в Америку с собою.

В открытое окно виднелась линия воздушной дороги, вдоль улицы, по которой приехали и они. И опять вдали показался круглый щит локомотива и стал все вырастать. Лозищане смотрели на него с некоторым страхом. Лязг и грохот все приближался, и им казалось, что поезд вкатится в комнату. Но в это время что-то вдруг хлеснуло в окно резкой струей воздуха, и мимо, совсем близко, с противоположной стороны, пронеслась какая-то стена с окнами. Это был другой, встречный поезд; в окнах мелькнули головы, шляпы, лица, в том числе некоторые черные, как сажа. И через несколько секунд все исчезло, повернуло, и поезд понесся вдаль, все уменьшаясь, между тем, как прежний вырастал и через минуту тоже пронесся мимо окон. Клуб пара и дыма, точно развевающаяся лента, махнул по окну, и несколько клочьев ворвалось в самую комнату...

— Всякое дыхание да хвалит господа! — сказал Матвей, крестясь с испугом. И только когда оба поезда исчезли, он решился оглядеться хорошенько на новом месте.

Кроватей в комнате стояло около десятка, но из жильцов в ней находился только один господин, звание которого лозищане определить не могли. На нем было "городское платье", как и на Борке, светлые клетчатые короткие панталоны, большие и тяжелые шнуровые ботинки, крахмальная сорочка и светлый жилет. Он лежал на постели, полуприкрывшись огромным листом газеты и, отслонив ее угол, с любопытством смотрел на новоприбывших. По виду это был настоящий "барин", и, если бы так у себя, дома, то Дыма непременно отвесил бы ему низкий поклон и сказал бы:

— Прошу прощения... Может, это жид Берко завел нас сюда по ошибке.

Во всяком случае лозищане подумали, что видят перед собой американского дворянина или начальника. Но мистер Борк скоро сошел по витой лесенке сверху, куда он успел отвести Анну, и подвел лозищан к кровати совсем рядом с этим важным барином.

— Вот эта кровать, — сказал он, — стоит вам два доллара в неделю.

— А что я тебе скажу, мистер Борк, — зашептал ему осторожно Дыма. — Хорошо ли, смотри, это у нас выйдет?

— Ну, — обиженно ответил Борк, — что же еще нужно за

32

два доллара в неделю? Вы, может, думаете — это с одного? Нет, это с обоих. За обед особо...

— Бог с тобой, — ответил Дыма все-таки шопотом, — если уже ты не можешь уступить подешевле. А только вот этому господину не покажется ли неприятно? Все-таки мы люди простого звания...

Борк в ответ только свистнул и сказал, с нескрываемым пренебрежением посмотрев на американского дворянина:

— Фю-ю! На этот счет вы себе можете быть вполне спокойны. Это совсем не та история, что вы думаете. Здесь свобода: все равные, кто за себя платит деньги. И знаете, что я вам еще скажу? Вот вы простые люди, а я вас больше почитаю... потому что я вижу: вы в вашем месте были хозяева. Это же видно сразу. А этого шарлатана я, может быть, и держать не стал бы, если бы за него не платили от Тамани-холла. Ну, что мне за дело! У "босса" денег много, каждую неделю я свое получаю аккуратно.

Дыма ловил на лету все, что замечал в новом месте, и потому, обдумав не совсем понятные слова Борка, покосился на лежавшего господина и сказал:

— Я, мистер Борк, так понимаю твои слова, что это не барии, а бездельник, вроде того, какие и у нас бывают на ярмарках. И шляпа на нем, и белая рубашка, и галстук... а глядишь, уже кто-нибудь кошелька и не досчитался...

Борк усмехнулся.

— Ну, вы-таки умеете попадать пальцем в небо, — сказал он, поглаживая свою бородку. — Нет, насчет кошелька так вы можете не бояться. Это не его ремесло. Я только говорю, что всякий человек должен искать солидного и честного дела. А кто продает свой голос... пусть это будет даже настоящий голос... Но кто продает его Тамани-холлу за деньги, того я не считаю солидным человеком.

И, вздохнув, он прибавил:

— У меня было здесь солидное заведение. Ну, что делать! Заведение пошло прахом, осталась квартира до срока. Приходится как-нибудь колотиться со всякою дрянью.

Дыма не совсем понимал, как можно продать свой голос,

33

хотя бы и настоящий, и кому он нужен, но, так как ему было обидно, что раз он уже попал пальцем в небо, — то он сделал вид, будто все понял, и сказал уже громко:

— А когда так, то и хорошо. Клади, Матвей, узел сюда. Что, в самом деле! Ведь и наши деньги не щербаты. А здесь, притом же, чорт их бей, свобода!

И он сел на свою кровать против американского господина, вдобавок еще расставивши ноги. Матвей боялся, что американец все-таки обидится. Но он оказался парень простой и покладливый. Услыхав, что разговор идет о Тамани-холле, он отложил газету, сел на своей постели, приветливо улыбнулся, и некоторое время оба они сидели с Дымой и пялили друг на друга глаза.

— Good bay (здравствуйте)! — первый сказал американец и хлопнул Дыму по колену.

Дыма хлопнул его с своей стороны и, очень надо подумавши, ответил:

— Yes (да).

— Tammany-holl. — сказал опять американец, любезно улыбаясь, — вэри-уэлл!

— Вэри-уэлл, — кивнул головой Дыма. — Это значит: очень хорошо... Эх ты, барин! Ты вот научи меня, как это продать этому чорту Тамани-холлу свой голос, чтобы за это человека кормили и поили даром.

— Well! — ответил американец, захохотав.

— Yes, — засмеялся и Дыма.

Ирландец опять подмигнул, похлопал Дыму по колену, и они, видно, сразу стали приятели.

VIII

А Матвей подивился на Дыму ("Вот ведь какой дар у этого человека", — подумал он), но сам сел на постели, грустно понурив голову, и думал:

"Вот человек и в Америке... что же теперь будем делать?"

Правду сказать, — все не понравилось Матвею в этой Америке. Дыме тоже не понравилось, и он был очень сердит, когда они шли с пристани по улицам. Но Матвей знал, что Дыма — человек легкого характера: сегодня ему кто-нибудь не по душе, а завтра первый приятель. Вот и теперь он уже крутит ус, придумывает слова и посматривает на американца веселым оком. А Матвею было очень грустно.

Да, вот и Америка! Еще вчера ночью она лежала перед ним, как какое-нибудь облако, и он не знал, что-то явится, когда это облако расступится... Но все ждал чего-то чудесного и хорошего... "Правду сказать, — думал он, — на этом свете человек думает так, а выходит иначе, и если бы человек знал, как выйдет, то, может, век бы свековал в Лозищах, с родной бедою". Вот и облако расступилось, вот и Америка, а сестры нет, и той Америки нет, о которой думалось так много над тихою Лозовою речкой и на море, пока корабль плыл, колыхаясь на волнах, и океан пел свою смутную песню, и облака неслись по ветру в высоком небе то из Америки в Европу, то из Европы в Америку... А на душе пробегали такие же смутные мысли о том, что было там, на далекой родине, и что будет впереди, за океаном, где придется искать нового счастья...

Ищи его теперь, этого счастья, в этом пекле, где люди летят куда-то, как бешеные, по земле и под землей и даже, — прости им, господи, — по воздуху... где все кажется не таким, как наше, где не различишь человека, какого он может быть звания, где не схватишь ни слова в человеческой речи, где за крещеным человеком бегают мальчишки так, как в нашей стороне бегали бы разве за турком...

— Вот что, Дыма, — сказал Матвей, отрываясь от своих горьких мыслей. — Надо поскорее писать письмо Осипу. Он здесь уже свой человек, — пусть же советует, как сыскать сестру, если она еще не приехала к нему, и что нам теперь делать с собою.

— Да уж не иначе! — ответил Дыма.

Попросили у Борка перо и чернил, устроились у окна и

написали. Писал письмо Дыма, а так как у него руки не очень-то привыкли держать такую маленькую вещь, как перо, то прописали очень долго.

Кончили писать, Дыма стал отирать пот со лба и вдруг остановился с разинутым ртом. Матвей тоже оглянулся, — и у него как-то приятно замерло сердце.

В комнате стояла старая барыня, в поношенной, но видно, что когда-то шелковой мантилье, в старой шляпке с желтыми цветами и с сумочкой на руке. Кроме того, на ленточке она держала небольшую белую собачку, которая поворачивалась во все стороны и нюхала воздух.

— Наша, — шепнул Дыма Матвею.

И действительно, барыня села у двери на стул, отдышалась немного и сказала с первого слова:

— Проклятая сторона, проклятый город, проклятые люди. Ну, скажите, пожалуйста, зачем вы сюда приехали?

Наши очень обрадовались родной речи, кинулись к барыне и чуть не столкнулись головами, целуя у нее руку.

Барыне, видно, это понравилось. Она сидела на стуле, не отнимала руки и глядела на лозищан, жалостно кивая головой.

— Подольские или из Волыни?

— Из Лозищей, милостивая госпожа.

— Из Лозищей! Прекрасно! А куда же это бог несет?

— В Миннесоте есть наши.

— Миннесота! Знаю, знаю. Болото, лес, мошка, лесные пожары и, кажется, индейцы... Ай, люди, люди! И что вам только понадобилось в этой Америке? Жили бы в своих Лозищах...

"Оно, может, и правда", — подумал Матвей. А Дыма ответил:

— Рыба ищет где глубже, а человек — где лучше.

— Так... от этого-то рыба попадает в невод, а люди в Америку... Это очень глупо. А впрочем, это не мое дело. А где же тут сам хозяин?.. Да, вот и Берко.

— Мистер Борк, — поправил еврей, входя в комнату.

— А, мистер Берко, — сказала барыня, и лозищане заметили, что она немного рассердилась. — Скажите,

36

пожалуйста, я и забыла! А впрочем, ваша правда, ясновельможный мистер Борк! В этой проклятой стороне все мистеры, и уже не отличишь ни жида, ни хлопа, ни барина... Вот и эти (она указала на лозищан) снимут завтра свои свитки, забудут бога и тоже потребуют, чтобы их звать господами...

— Это их дело, всякий здесь устраивает себя, как хочет, — сказал Борк хладнокровно и прибавил, поглаживая бородку: — Чем могу вам служить?

— Твоя правда, — сказала барыня. — В этой Америке никто не должен думать о своем ближнем... Всякий знает только себя, а другие — хоть пропади в этой жизни и в будущей... Ну, так вот я зачем пришла: мне сказали, что у тебя тут есть наша девушка. Или, простите, мистер Борк... Не угодно ли вам позвать сюда молодую приезжую леди из наших крестьянок.

— Ну, а зачем вам мисс Эни?..

— Ты, кажется, сам начинаешь вмешиваться в чужие дела, мистер Берко.

Борк пожал плечами, и через минуту сверху спустилась Анна. Старая барыня надела стеклышки на нос и оглядела девушку с ног до головы. Лозищане тоже взглянули на нее, и им показалось, что барыня должна быть довольна и испуганным лицом Анны, и глазами, в которых дрожали слезы, и крепкой фигурой, и тем, как она мяла рукой конец передника.

— Умеешь ты убирать комнаты? — спросила барыня.

— Умею, — ответила Анна...

— И готовить кушанье?

— Готовила.

— И вымыть белье, и выгладить рубашку, и заправить лампу, потому что я терпеть не могу здешнего газа, и поставить самовар или сварить кофе...

— Так, ваша милость. Умею.

— Ты приехала сюда работать?

— Как же иначе? — ответила девушка совсем тихо.

— Почем я знаю, как иначе?.. Может быть, ты рассчитывала

выйти замуж за президента... Только он, моя милая, уже женат...

Две крупные слезы скатились с длинных ресниц Анны и упали на белый передник, который она все переминала в руках. Матвею стало очень жаль девушку, и он сказал:

— Она, ваша милость, сирота... А Дыма прибавил:

— У нее на корабле умер отец.

— Умнее ничего не мог придумать! — сказала барыня спокойно. — Много здесь дураков прилетало, как мухи на мед... Ну, вот что. Мне некогда. Если ты приехала, чтобы работать, то я возьму тебя с завтрашнего дня. Вот этот мистер Борк укажет тебе мой дом... А эти — тебе родня?

— Нет, милостивая пани, но...

И Матвей видел, как испуганный глаз девушки остановился на нем, будто со страхом и вопросом.

— Никаких "но". Я не позволю тебе водить ни любовников, ни там двоюродных братьев. Вперед тебе говорю: я строгая. Из-за того и беру тебя, что не желаю иметь американскую барыню в кухарках. Шведки тоже уже испорчены... Слышишь? Ну, а пока до свидания. А паспорт есть?

— Есть...

— То-то.

Барыня встала, гордо кивнула головой и вышла из помещения.

— Наша! — сказал Матвей и глубоко вздохнул.

— А это, видно, и здесь так же, как и всюду на свете, — прибавил к этому Дыма.

Анна тихонько вытерла слезу концом передника.

Еврей посмотрел на девушку с сожалением и сказал:

— Ну, что вы плачете, мисс Эни! Я вам прямо скажу: это дело не пойдет, и плакать нечего...

— А почему же не пойдет? — возразил Матвей задумчиво, хотя и ему самому казалось, что не стоило ехать в Америку, чтобы попасть к такой строгой барыне. Можно бы, кажется, и пожалеть сироту... А, впрочем, в сердце лозищанина примешивалось к этому чувству другое. "Наша барыня, наша,

— говорил он себе, — даром что строгая, зато своя и не даст девушке ни пропасть, ни избаловаться..."

— Ну, почему же не идет? — повторил он свой вопрос.

— Га! Если мисс Эни приехала сюда искать своего счастья, то я скажу, что его надо искать в другом месте. Я эту барыню знаю: она любит очень дешево платить и чтобы ей очень много работали.

— Эх, мистер Борк, а кто же этого не любит на свете? — сказал Матвей со вздохом.

— Ну, это правда, а только здесь всякий любит также получить больше, а работать меньше. А, может быть, вы думаете иначе, тогда мистер Борк будет молчать... это уже не мое дело...

Борк поднялся с своего места и вскоре ушел, одевшись, на улицу.

Он был еврей серьезный, но неудачливый, и дела его шли неважно. Помещение было занято редко, и буфет в соседней комнате работал мало. Дочь его прежде ходила на фабрику, а сын учился в коллегии; но фабрика стала, сам мистер Борк менял уже третье занятие и теперь подумывал о четвертом. Кроме того, в Америке действительно не очень любят вмешиваться в чужие дела, поэтому и мистер Борк не сказал лозишанам ничего больше, кроме того, что покамест мисс Эни может помогать его дочери по хозяйству, и он ничего не возьмет с нее за помещение.

— Подождем еще, малютка, — сказал Матвей. — Может быть, придет скоро ответ от Лозинского, тогда, пожалуй, и тебе найдется работа в деревне.

— Дай-то боже, — ответили" в один голос девушка и Дыма.

— А теперь, — прибавил Матвей, — напиши, Дыма, адрес.

Но тут открылось вдруг такое обстоятельство, что у лозищан кровь застыла в жилах. Дело в том, что бумажка с адресом хранилась у Матвея в кисете с табаком. Да как-то, видно, терлась и терлась, пока карандаш на ней совсем не истерся. Первое слово видно, что губерния Миннесота, а дальше ни шагу. Осмотрели этот клочок сперва Матвей, потом Дыма, потом позвали девушку, дочь Борка, не догадается ли она потом вмешался новый знакомый Дымы — ирландец, но ничего и он не вычитал на этой бумажке.

— Что же это теперь будет? — сказал Матвей печально.

Дыма посмотрел на него с великою укоризной и постучал себя пальцем по лбу. Матвей понял, что Дыма не хочет ругать его при людях, а только показывает знаком, что он думает о голове Матвея. В другое время Матвей бы, может, и сам ответил, но теперь чувствовал, что все они трое по его вине идут на дно, — и смолчал.

— Эх! — сказал Дыма и заскреб в голове.

Заскреб в голове и Матвей, но ирландец, человек, видно, решительный, схватил конверт, написал на нем: "Миннесота, фермерскому работнику из России, Иосифу Лозинскому" — и сказал:

— All right.

— Он говорит: олл-райт, — обрадовался Дыма, — значит, дойдет.

— Дай-то бог, — это будет чудо господне, — сказал Матвей.

А ирландец вдобавок предложил Дыме сходить вместе, отнести письмо. И когда они выходили, — ирландец, надев свой котелок и взяв в руки тросточку, а Дыма в своей свитке и бараньей шапке, — то Матвею показались они оба какими-то странными, точно он их видел во сне. Особенно, когда у порога ирландец, как-то изогнувшись, предложил Дыме выйти первому. Дыма, изогнувшись совершенно так же, предлагал пройти вперед ирландцу. Потом они двинулись оба вместе, и тут уже Дыма постарался все-таки пройти первым. Ирландец крепко хлопнул его по плечу и захохотал... Дыма посмотрел на Матвея с гордым видом.

IX

Дело это было в пятницу, уже после обеда.

Матвей ждал Дыму, но Дыма с ирландцем долго не шел.

Матвей сел у окна, глядя, как по улице снует народ, ползут огромные, как дома, фургоны, летят поезда. На небе, поднявшись над крышами, показалась звезда. Роза, девушка, дочь Борка, покрыла стол в соседней комнате белою скатертью и поставила на нем свечи в чистых подсвечниках и два хлеба прикрыла белыми полотенцами.

От этих приготовлений у Матвея что-то вдруг прилило к сердцу. Он вспомнил, что сегодня пятница и что таким образом на его родине евреи приготовляются всегда встречать субботу.

Действительно, скоро мистер Борк вернулся из синагоги, важный, молчаливый и, как показалось Матвею, очень печальный. Он стоял над столом, покачивался и жужжал свои молитвы с закрытыми глазами, между тем как в окно рвался шум и грохот улицы, а из третьей комнаты доносился смех молодого Джона, вернувшегося из своей "коллегии" и рассказывавшего сестре и Аннушке что-то веселое. На зов отца девушка вбежала в комнату и подала ему на руки воду. Он мыл руки, потом концы пальцев, брызгал воду и бормотал слова молитвы, а девушка, видно, вспомнила что-то смешное и глядела на брата, который подошел к столу и ждал, покачиваясь на каблуках. Затем они уселись. Молодые люди продолжали весело разговаривать. Один Борк что-то порой шептал про себя, тихонько разрезывая луковицу или белый хлеб, и часто и глубоко вздыхал...

Лозищанин глядел на еврея и вспоминал родину. Вот и шабаш здесь не такой, думал он про себя, и родное местечко встало в памяти, как живое. Вот засияла вечерняя звезда над потемневшим лесом, и городок стихает, даже перестали дымиться трубы в еврейских домах. Вот засветилась огнями синагога, зажглись желтые свечи в окнах лачуг, евреи степенно идут по домам, смолкает на улицах говор и топот шагов, а зато в каждое окно можно видеть, как хозяин дома благословляет стол, окруженный семьей. В это время двери всюду открыты, чтобы Авраам, Иаков и другие патриархи могли ходить невидимо от одной лачуги к другой и заходить в дома. Знакомые евреи говорили Матвею, что в это время ангелы ходят вместе с Авраамом, а черти, как вороны, носятся над крышами, не смея приблизиться к порогу!

Разумеется, в своем месте Матвей смеялся над этими пустяками; очень нужно Аврааму, которого чтут также и христиане, заходить в грязные лачуги некрещеных жидов! Но теперь ему стало очень обидно за Борка и за то, что даже евреи, такой крепкий в своей вере народ, забыли здесь свой обычай... Молодые люди наскоро отужинали и убежали опять в другую комнату, а Борк остался один. И у Матвея защемило сердце при виде одинокой и грустной фигуры еврея.

Мистер Борк, как бы угадывая мысли Лозинского, вышел из-за стола и сел с ним рядом.

— Вижу я, господин Борк, — обратился к нему Матвей, — что твои дети не очень почитают праздник?

Борк задумчиво погладил бороду и сказал:

— А! хотите вы знать, что я вам скажу? Америка — такая сторона, такая сторона... Она перемалывает людей, как хорошая мельница.

— Что, видно, и здесь не очень-то любят вашу веру? — сказал Матвей наставительно.

— Э, вы совсем не то говорите, что надо. Если бы вы захотели, я повел бы вас в нашу синагогу... Ну, вы увидели бы, какая у нас хорошая синагога. А наш раввин здесь в таком почете, как и всякий священник. И когда его вызывали на суд, то он сидел с их епископом, и они говорили друг с другом... Ну, совсем так, как двоюродные братья.

— А вы бросаете все-таки свою веру? — сказал лозищанин. Ему не совсем-то верилось, чтобы и здесь можно было приравнять раввина к священнику.

— Ну, это очень трудно вам объяснить. Видите что: Америка такая хитрая сторона, она не трогает ничьей веры. Боже сохрани! Она берет себе человека. Ну, а когда человек станет другой, то и вера у него станет уже другая. Не понимаете? Ну, хорошо. Я вам буду объяснять еще иначе. Моя дочь кончила школу, а в это время мои дела пошли очень плохо. Ну, мне говорят, пусть ваша дочь идет на фабрику. Плата будет 10 долларов в неделю, а когда выучится — тогда плата будет и 12 долларов в неделю. Ну, что вы скажете на это? Ведь это 24 рубля в неделю, — хорошие деньги?

— Очень хорошие деньги, — подтвердил Матвей. — Такие деньги у нас платят работнику от Покрова до Пасхи... Правда, на хозяйских харчах.

— Ну, вот. Она пошла на фабрику к мистеру Бэркли. А мистер Бэркли говорит: "Хорошо. Еврейки работают не хуже других. Я могу принимать еврейку. Но только я не могу, чтобы у меня станок стоял пустой в субботу. Это не платит. Ты должна ходить и в субботу..."

— Ну?

— Ну... Я сказал: лучше я буду помирать или выйду на улицу продавать спички, а не позволю дочери ломать святую субботу. Хорошо. А в это время приехал к нам мистер Мозес. Вы не знаете, разумеется, кто такой мистер Мозес. Это один себе еврей из Луисвилля. У него ум, как огонь, а язык, как молот. Ну, он перековал всех своих евреев в Луисвилле и поехал в другие города. Собрались мы в синагогу слушать этого Мозеса, а он и говорит: "Слышал я, что многие из вас терпят нужду и умирают, а не хотят ломать субботу". Мы говорим: ну, это и правда. Суббота святая! Суббота царица, свет Израиля! А он говорит: "Вы похожи на человека, который собрался ехать, сел на осла задом наперед и держится за хвост. Вы смотрите назад, а не вперед, и потому все попадете в яму. Но если бы вы хорошо смотрели назад, то и тогда вы бы могли догадаться, куда вам ехать. Потому что, когда сынов Израиля стали избивать язычники, а было это дело при Маккавеях, то ваши отцы погибали, как овцы, потому что не брали меча в субботу. Ну, что тогда сказал господь? Господь сказал: если так будет дальше, то из-за субботы всех моих людей перережут, как стадо, и некому будет праздновать самую субботу... пусть уж лучше берут меч в субботу, чтобы у меня остались мои люди. Теперь подумайте сами: если можно брать меч, чтобы убивать людей в субботу, то отчего не взять в руки станок, чтобы вам не помирать с голоду в чужой стороне?" А! Я же вам говорю: это очень умный человек, этот Мозес.

Матвей посмотрел на еврея, у которого странно сверкали глаза, и сказал:

— Видно, и тебя начинает тянуть туда же. А я тебя считал почтенным человеком.

— Ну, — ответил Борк, вздохнув, — мы, старики, все-таки держимся, а молодежь... А! что тут толковать! Вот и моя дочь пришла ко мне и говорит: "Как хочешь, отец, незачем нам пропадать. Я пойду на фабрику в субботу. Пусть наша суббота будет в воскресенье".

Борк взял свою бороду обеими руками, посмотрел на Матвея долгим взглядом и сказал:

— Вы еще не знаете, какая это сторона Америка! Вот вы посмотрите сами, как это вам понравится. Мистер Мозес сделал из своей синагоги настоящую конгрегешен, как у американцев. И знаете, что он делает? Он венчает христиан с еврейками, а евреек с христианами!

— Послушай, Берко, — сказал Матвей, начиная сердиться. — Ты, кажется, шутишь надо мной.

Но Борк смотрел на него все так же серьезно, и по его печальным глазам Матвей понял, что он не шутит.

— Да, — сказал он, вздохнув. — Вот вы увидите сами. Вы еще молодой человек, — прибавил он загадочно. — Ну, а наши молодые люди уже все реформаторы или, еще хуже, — эпикурейцы... Джон, Джон! А поди сюда на минуту! — крикнул он сыну.

Смех и разговоры в соседней комнате стихли, и молодой Джон вышел, играя своей цепочкой. Роза с любопытством выглянула из-за дверей.

— Послушай, Джон, — сказал ему Борк. — Вот господин Лозинский осуждает вас, зачем вы не исполняете веру отцов.

Джон, которому, видно, не очень любопытно было разговаривать об этом, поиграл цепочкой и сказал:

— А разве господин тоже еврей?

Матвей выпрямился. У себя он бы, может быть, поучил этого молокососа за такое обидное слово, но теперь он только ответил:

— Я христианин, и деды, и отцы были христиане — греко-униаты...

— Олл райт! — сказал молодой Джон. — А как вы мне скажете: можно ли спастись еврею?

Матвей подумал и сказал, немного смутившись:

— По совести тебе, молодой человек, скажу: не думаю...

— Уэлл! Так зачем вы хотите, чтобы я держался такой веры, в которой моя душа должна пропасть...

И видя, что Матвей долго не соберется ответить, он повернулся и опять ушел к сестре.

— А ну! Что вы скажете? — спросил Борк, глядя на лозищанина острым взглядом. — Вот как они тут умеют рассуждать. Поверите вы мне, на каждое ваше слово он вам сейчас вот так ответит, что у вас язык присохнет. По-нашему, лучшая вера та, в которой человек родился, — вера отцов и дедов. Так мы думаем, глупые старики.

— Разумеется, — ответил Матвей, обрадовавшись.

— Ну, а знаете, что он вам скажет на это?

— Ну?

— Ну, он говорит так: значит, будет на свете много самых лучших вер, потому что ваши деды верили по-вашему... Так? Ага! А наши деды — по-нашему. Ну, что же дальше? А дальше будет вот что: лучшая вера такая, какую человек выберет по своей мысли... Вот как они говорят, молодые люди...

— А чтоб им провалиться, — сказал Матвей. — Да это значит, сколько голов, столько вер.

— А что вы думаете, — тут их разве мало? Тут что ни улица, то своя конгрегешен. Вот нарочно подите в воскресенье в Бруклин, так даже можете не мало посмеяться...

— Посмеяться? В церкви?

— Ну! они и молятся, и смеются, и говорят о своих делах, и опять молятся... Я вам говорю, — Америка такая сторона... Вот увидите сами...

И долго еще эти два человека: старый еврей и молодой лозищанин, сидели вечером и говорили о том, как верят в Америке. А в соседней комнате молодые люди все болтали и смеялись, а за стеной глухо гремел огромный город...

X

Город гремел, а Лозинский, помолившись богу и рано ложась на ночь, закрывал уши, чтобы не слышать этого страшного, тяжелого грохота. Он старался забыть о нем и думать о том, что будет, когда они разыщут Осипа и устроятся с ним в деревне...

В той самой деревне, которая померещилась им еще в Лозищах, из-за которой Лозищи показались им бедны и скучны, из-за которой они проехали моря и земли, которая виднелась им из-за дали океана, в туманных мечтах, как земля обетованная, как вторая родина, которая должна быть такая же дорогая, как и старая родина.

Такая же, как и старая, только гораздо лучше...

Такие же люди, только добрее. Такие же мужики, в таких же свитках, только мужики похожи на старых лозищан, еще не забывших о своих старых правах, а свитки тоньше и чище, только дети здоровее и все обучены в школе, только земли больше, и земля родит не по-вашему, только лошади крепче и сытее, только плуги берут шире и глубже, только коровы дают по ведру на удой...

И такие же села, только побольше, да улицы шире и чище, да избы просторнее и светлее, и крыты не соломою, а тесом... а может быть, и соломой, — только новой и свежей... И должно быть, около каждого дома — садик, а на краю села у выезда — корчма с приветливым американским жидом, где по вечерам гудит бас, тонко подпевает скрипка и слышен в весенние теплые вечера топот и песни до ранней зари, — как было когда-то в старые годы в Лозищах. А по середине села школа, а недалеко от школы — церковка, может быть, даже униатская.

А в селе такие же девушки и молодицы, как вот эта Анна, только одеты чище и лица у них не такие запуганные, как у Анны, и глаза смеются, а не плачут.

Все такое же, только лучше. И, конечно, такие же начальники в селе, и такой же писарь, только и писарь больше боится бога и высшего начальства. Потому что и господа в этих местах должны быть добрее и все только думают и смотрят, чтобы простому человеку жилось в деревне как можно лучше...

С этими мыслями лозищанин засыпал, стараясь не слышать, что кругом стоит шум, глухой, непрерывный, глубокий. Как ветер по лесу, пронесся опять под окнами ночной поезд, и окна тихо прозвенели и смолкли, — а Лозинскому казалось, что это опять гудит океан за бортом парохода... И когда он прижимался к подушке, то опять что-то стучало, ворочалось, громыхало под ухом... Это потому, что над землей и в земле стучали без отдыха машины, вертелись чугунные колеса, бежали канаты...

И вот ночью Матвею приснилось, что кто-то стоит над ним, огромный, без лица и не похожий совсем на человека, стоит и кричит, совсем так, как еще недавно кричал в его ушах океан под ночным ветром:

— Глупые люди, бедные, темные люди. Нет такой деревни на свете, и нет таких мужиков, и господ таких нету, и нет таких писарей. И поле здесь не такое, и не то здесь в поле родится, и люди иные. И нет уже тебя, Матвея Оглобли, и нет твоего приятеля Дымы, и нету Анны!.. Прежний Матвей уже умер, и умер Дыма, и умерла ваша прежняя вера, и сердце у вас станет другое, и иная душа, и чужая молитва... И если бы встала твоя мать из заброшенной могилы, на тихом кладбище под лозищанским лесом, то здесь в детях твоих она не признала бы своих внуков... Потому что они не будут похожи ни на отца, ни на тебя, ни на дедов и прадедов... А будут американцы...

Матвей проснулся весь в поту и сел на своей постели.

Он протирал глаза и не мог вспомнить, где он. В комнате было темно, но кто-то ходил, кто-то топал, кто-то сопел и кто-то стоял над самой его постелью.

Потом вдруг комната осветилась, потому что кто-то зажег газовый рожок спичкой. Комната осветилась, а Матвей все еще сидел и ничего не понимал, и говорил с испугом:

— Всякое дыхание да хвалит господа.

— Ну, что еще?.. Чего ты это испугался? — сказал кто-то знакомым голосом.

Голос был как будто Дымы, но что-то еще было в нем

странное и чужое. И человек, стоявший над кроватью Матвея, был тоже Дыма, но как будто какой-то другой, на Дыму не похожий... Матвей думал, что это все еще сон, и стал протирать кулаками глаза... Когда он открыл их, в комнате было еще светлее, и по ней двигались люди, только что вернувшиеся целой гурьбой... Странные люди, чужие люди, люди непонятные и незнакомые, люди неизвестного звания, люди с такими лицами, по которым нельзя было определить, добрые они или злые, нравятся ли они человеку или не нравятся... Они нахлынули в комнату, точно толпа странных привидений, которые человеку видятся порой только во сне, и тихо, без шума занимали свои места. И Матвей долго еще не мог сообразить — кто это, откуда, что здесь делают и что он сам делает среди них...

А потом вспомнил: да ведь это американцы. Те, что летают по воздуху, что смеются в церквах, что женятся у раввинов на еврейках, что выбирают себе веру, кто как захочет... Те, что берут себе всего человека, и тогда у него тоже меняется вера...

А тот, что стоял над самой постелью, — неужели это Дыма? Да, это и был Дыма, но только опять такой, как будто он приснился во сне. Он очень торопился раздеваться и отворачивал лицо. Однако от Матвея не ускользнуло, что этот Дыма скидает с себя совсем не свою одежду. На нем не было ни белой свитки, ни красного пояса, купленного перед самым отъездом в местечке, ни высоких смазных сапог, ни широких шаровар из коричневой коломянки. Вместо всего этого, он теперь старался поскорее вылезть из какой-то немецкой кургузой куртки, не закрывавшей даже как следует того, что должно быть закрыто хорошей одеждой; шею его подпирал высокий воротник крахмальной рубашки, а ноги нельзя было освободить из узких штанов... Когда же он, наконец, разделся и полез к Матвею под одно одеяло, — то Матвей даже отшатнулся, до такой степени самое лицо Дымы стало чужое. Волосы его были коротко острижены и торчали вихром на лбу, усы подстрижены над губой, а от бороды осталась только узкая американская лопатка.

— Побойся ты бога, Дыма! — сказал Матвей, вглядевшись. — На кого ты похож, и что это ты над собою сделал?

Дыма, по-видимому, чувствовал себя так, как человек, который вышел на базар, забывши надеть штаны... Он как-то все отворачивал лицо, закрывал рот рукою и говорил каким-то виноватым и слащавым голосом:

— Да, вот, как меня, видишь... Зашел с проклятым ирландцем в цирюльню, чтобы меня немного остригли. Поверь совести, Матвей, я хотел чуть-чуть... А вышло вот что. Посадили меня в кресло. Кресло, знаешь, такое хорошее, а только как сел в него — и кончено. Ноги сейчас схватило чем-то и кинуло кверху, голову отвалило назад: ей-богу, как баран на бойне... Вижу, делает немец не так, как надо, а двинуться не могу. Посмотрел потом на себя в зеркало, — не я, да и только. "Что ты, говорю, собачий сын, над человеком сделал?" А они оба довольны, хлопают меня по плечу: "Уэл, уэл, вери уэл!"

Дыма тихонько полез под одеяло, стараясь улечься на краю постели. Однако когда в комнате погасили огонь и последний из американцев улегся, он сначала все еще лицемерно вздохнул, потом поправился на своем месте и, наконец, сказал:

— Ну, а все-таки, признайся, Матвей... Все-таки этак человек как-то больше похож на американца.

— А зачем тебе непременно походить на американца? — сказал Матвей холодно...

— И знаешь, — живо продолжал Дыма, не слушая,— когда я, вдобавок, выменял у еврея на базаре эту одежду... с небольшой, правда, придачей... то уже на улице подошел ко мне какой-то господин и заговорил по-английски...

— Ах, Иван, Иван, — сказал Матвей с такой горечью, что Дыму что-то как бы укололо и он заворочался на месте. — Правду, видно, говорит этот Берко: ты уже скоро забудешь и свою веру...

— Иные люди, — заворчал Дыма, отворачиваясь, — так упрямы, как лозищанский вол... Им лучше, чтобы в них кидали на улице корками...

— Вот ты уже ругаешься Лозищами, в которых родился, — сказал Матвей и замолчал.

Дыма еще поворчал, поворочался, повздыхал и затем заговорил тихо, немного заискивающим голосом:

— Охота тебе слушать Берка. Вот он облаял этого ирландца... И совсем напрасно... Знаешь, я таки разузнал, что это такое Тамани-холл и как продают свой голос... Дело совсем простое... Видишь ли... Они тут себе выбирают голову, судей и прочих там чиновников... Одни подают голоса за одних, другие за других... Ну, понимаешь, всякому хочется попасть повыше... Вот они и платят... Только, говорит, подай голос за меня... Кто соберет десять голосов, кто двадцать... Ты, Матвей, слушаешь меня?

И, хотя Матвей ничего не ответил, он продолжал:

— И, по-моему, это таки справедливо: хочешь себе, — дай же и людям... И знаешь еще что?..

Тут Дыма понизил голос до шопота и повернулся совсем к Матвею:

— Они говорят — этот ирландец и еврей, у которого я покупал одежду, — что и нам бы можно... Конечно, голоса не совсем настоящие, но тоже чего-нибудь стоят...

Матвей хотел ответить что-то очень внушительное, но в это время с одной из кроватей послышался сердитый окрик какого-то американца. Дыма разобрал только одно слово devil, но и из него понял, что их обоих посылают к дьяволу за то, что они мешают спать... Он скорчился и юркнул под одеяло.

А наверху, в маленькой комнатке спали вместе Роза и Анна. Когда им пришлось ложиться, Роза посмотрела на Аннушку и спросила:

— Вам, может быть, неприятно будет спать на одной постели с еврейкой?

Анна покраснела и сконфузилась.

Она собиралась молиться, вынула свой образок и только что хотела приладить его где-нибудь в уголку, как слова Розы напомнили ей, что она — в еврейском помещении. Она стояла в нерешительности, с образком в руках. Роза все смотрела на нее и потом сказала:

— Вы хотите молиться и... я вам мешаю... Я сейчас уйду.

Анна сконфузилась. Она действительно думала, хорошо ли

молиться богу в присутствии еврейки, и позволит ли еврейка молиться по-христиански в своей комнате.

— Нет, — отвечала она. — Только... я думала, — не будет ли вам неприятно?

— Молитесь, — просто сказала Роза и стала оправлять постель.

Аннушка прочитала свои молитвы, и обе девушки стали раздеваться. Потом Роза завернула газовый рожок, и свет погас. Через некоторое время в темноте обозначилось окно, а за окном высоко над продолжающим гудеть огромным городом стояла небольшая, бледная луна.

— О чем вы думаете? — спросила Роза лежащую с ней рядом Анну.

— Я думаю... видят ли теперь этот самый месяц в нашем городишке.

— Нет, не видят, — ответила Роза, — у вас теперь день... А какой ваш город?

— Наш город — Дубно...

— Дубно? — живо подхватила Роза. — Мы тоже жили в Дубне... А зачем вы оттуда уехали?

— Братья уехали раньше... Я жила с отцом и младшим братом. А после этого брата... услали.

— Что он сделал?

— Он... вы не думайте... Он не вор и не что-нибудь... только...

Она замялась. Она не хотела сказать, что, когда разбивали еврейские дома, он разбивал тоже, и после стали драться с войсками... Она думала, что лучше не говорить этого, и замолчала.

— Что ж, — сказала Роза, — со всяким может случиться несчастье. Мы жили спокойно и тоже не думали ехать так далеко. А потом... вы, может быть, знаете... когда стали громить евреев... Ну что людям нужно? У нас все разбили, и... моя мать...

Голос Розы задрожал.

— Она была слабая... и они ее очень испугали... и она умерла...

Анна подумала, что она хорошо сделала, не сказав Розе

51

всего о брате... У нее как-то странно сжалось сердце... И еще долго она лежала молча, и ей казались странными и этот глухо гудящий город, и люди, и то, что она лежит на одной постели с еврейкой, и то, что она молилась в еврейской комнате, и что эта еврейка кажется ей совсем не такой, какой представлялась бы там, на родине...

Начинало уже светать, когда, наконец, обе девушки заснули крепким молодым сном. А в это самое время Матвей, приподнявшись на своей постели, после легкого забытья, все старался припомнить, где он и что с ним случилось. Ненадолго притихший было город, начинал просыпаться за стеной. Быстрее ворочались колеса на какой-то близкой станции, и уже пронесся поезд, шумя, как ветер в бору перед дождливым утром. Рядом на другой подушке лежала голова Дымы, но Матвей с трудом узнавал своего приятеля. Лицо Дымы было красно, потому что его сильно подпирал тугой воротник не снятой на ночь крахмальной сорочки. Прежние его казацкие длинные усы были подстрижены, и один еще держался кверху тонко нафабренным кончиком. Вообще, при виде этого почти чужого лица Матвею стало как-то обидно... Ему казалось, что Дыма становится чужим...

XI

И действительно, со следующего утра стало заметно, что у Ивана Дымы начал портиться характер...

Когда он проснулся, то прежде всего, наскоро одевшись, подошел к зеркалу и стал опять закручивать усы кверху, что делало его совсем не похожим на прежнего Дыму. Потом, едва поздоровавшись с Матвеем, подошел к ирландцу Падди и стал разговаривать с ним, видимо, гордясь его знакомством и как будто даже щеголяя перед Матвеем своими развязными манерами. Матвею казалось, однако, что остальные американцы глядят на Дыму с улыбкой.

Компания жильцов мистера Борка была довольно разнообразна. Были тут и немцы, и итальянец, и два-три англичанина, и несколько ирландцев. Часть этих людей казалась Матвею солидными и серьезными. Они вставали утром, умывались в ванной комнате, мало разговаривали, пили в соседней комнате кофе, которое подавали им Роза с Анной, и потом уходили на работу или на поиски работы. Но была тут и кучка людей, которые оставались на целые дни, курили, жевали табак и страшно плевались, стараясь попадать в камин, иной раз через головы соседей. У них не было определенных часов работы. Иной раз они уходили куда-то гурьбой и тогда звали с собой и Дыму... В разговорах часто слышалось слово Тамани-холл... Дела этой компании, по-видимому, шли в это время хорошо. Возвращаясь из своих похождений в помещение Борка, они часто громко хохотали... И Дыма хохотал с ними, что Матвею казалось очень противно.

Так прошло еще два-три дня.

Характер Дымы портился все больше. Правда, он сделал большие, даже удивительные успехи в языке. За две недели на море и за несколько дней у Борка он уже говорил целые фразы, мог спросить дорогу, мог поторговаться в лавке и при помощи рук и разных движений разговаривал с Падди так, что тот его понимал и передавал другим его слова... Это, конечно, не заслуживало еще осуждения. Но Матвея огорчало и даже сердило, что Дыма не просто говорит, а как будто гримасничает и передразнивает кого-то: вытягивает нижнюю губу, жует, шипит, картавит... "Взял бы хоть пример с жида, — думал про него Матвей. — Он тоже говорит с американцами на их языке, но — как степенный и серьезный человек". А Дыма уже и "мистер Борко" произносит как-то особенно картаво, — мисте'г Бег'к. А иной раз, забывшись, он уже и Матвея начинал называть мистер Метью... В таких случаях Матвей смотрел на него долгим укоризненным взглядом — и он немного смущался. В один день, после того как Падди долго говорил что-то Дыме, указывая глазами на Матвея, они оба ушли куда-то, вероятно, к еврею-лавочнику, который в трудных случаях служил им переводчиком. Вернувшись, Дыма подошел к Матвею и сказал:

— Послушай, Матвей, что я тебе скажу. Сидим мы здесь оба без дела и только тратим кровные деньги. А между тем, можно бы действительно кое-что заработать.

Матвей поднял глаза и, ничего не говоря, ожидал, что Дыма скажет дальше.

— Вот видишь ли... Тут эти вот шестеро — агенты или, по-нашему, факторы Тамани-холла... Это, видишь ли, такая, скажем, себе компания... Скоро выборы. И они хотят выбрать в мэры над городом своего человека. И всех тогда назначат тоже своих... Ну, и тогда уже делают в городе что хотят...

— Ну, так что же? — спросил Матвей.

— Так вот они собирают голоса. Они говорят, что если бы оба наши голоса, то они и дали бы больше, чем за один мой... А нам что это стоит? Нужно только тут в одном месте записаться и не говорить, что мы недавно приехали. А потом... Ну, они все сделают и укажут...

Матвей вспомнил, что раз уже Дыма заговаривал об этом; вспомнил также и серьезное лицо Борка, и презрительное выражение его печальных глаз, когда он говорил о занятиях Падди. Из всего этого в душе Матвея сложилось решение, а в своих решениях он был упрям, как бык. Поэтому он отказался наотрез.

— Но отчего же ты не хочешь? Скажи! — спросил Дыма с неудовольствием.

— Не хочу, — упрямо ответил Матвей. — Голос дан человеку не для того, чтобы его продавать.

— Э, глупости! — сказал Дыма. — Ведь не останешься же ты после этого без голоса. Даже не охрипнешь. Если люди покупают, так отчего не продать? Все-таки не убудет в кошеле, а прибудет...

— А помнишь, как когда-то эконом уговаривал нас, чтобы мы подписали его бумаги... Что бы тогда вышло?

— Гм... да... — пробормотал Дыма, немного растерявшись.

— Потеряли бы всю чиншевую землю! Так ведь там было что

54

терять. А тут... что нам за дело? Дают, чорт их бей, деньги и кончено.

Матвей не нашел, что ответить, но он был человек упрямый.

— Не пойду, — сказал он, — и если хочешь меня послушать, то и тебе не советую. Не связывайся ты с этим лодырем.

И Матвей без церемонии ткнул пальцем по направлению к Падди, который внимательно следил за разговором и, увидя, что Матвей указывает на него, весело закивал головой. Дыма, конечно, тоже не послушался.

— Ну что ж,— сказал он, — когда ты такой, то заработаю один. Все-таки хоть что-нибудь... — И в тот же день он сообщил, что его уже записали...

XII

Письма все не было, а дни шли за днями. Матвей больше сидел дома, ожидая, когда, наконец, он попадет в американскую деревню, а Дыма часто уходил и, возвращаясь, рассказывал Матвею что-нибудь новое.

— Сегодня Падди сводил меня на кулачную драку,— сказал он однажды. — Ты, Матвей, и представить себе не можешь, как этот народ любит драться. Как только двое заспорят, то остальные станут в круг, — кто с трубкой, кто с сигарой, кто с жвачкой, — и смотрят. А те сейчас куртки долой, засучат рукава, завертят-завертят руками и — хлоп! Кто половчее, глядишь, и засветил другому фонарь... И притом больше всего любят бить по лицу, в нос или, если уж не удастся, в ухо. А в темя или под сердце—боже упаси! Но дерутся, заметь, не сердито, и как только один полетит пятками кверху, так его сейчас поднимут, обмоют лицо и опять сядут вместе за игру или там за кружки, как будто бы ничего и не случилось. И начнут говорить, кто как ударил и как бы можно ударить еще лучше.

— Ну, это правда, — подтвердил Борк, слышавший рассказ Дымы. — Во всей Америке бокс очень любят! И если еще, вдобавок, выищутся какие-нибудь необыкновенные силачи, то ездят из города в город и тузят друг друга на людях за хорошие деньги. И знаете что: в это время за ними ездят газетчики и все записывают. И даже посылают телеграммы: "В два часа 15 минут 4 секунды Джон подбил Джеку правый глаз вот таким способом, а через полминуты Джек свалил Джона с ног так-то". И тогда в разных городах люди сидят в ресторанах, а им читают известия. И они спорят: как бы можно ударить Джона или Джека еще лучше... И что вы думаете: проигрывают на этом большие деньги!

— Лодыри! — сказал на это Матвей.

В один день Дыма пришел под вечер и сказал, что сегодня они-таки выбрали нового мэра и именно того, кого хотелось Тамани-холлу.

— Жарко было, о вэлл! — сказал он хвастливо. — А все-таки наша взяла... И знаешь: Падди мне говорит, что много помогли наши "ненастоящие голоса".

В этот день Падди и его компания были особенно веселы и шумны. Они ходили по кабачкам, много пили и угощали Дыму. Дыма вернулся с ними красный, говорил громко, держался особенно развязно. Матвей сидел на своей постели, около газового рожка, и, пристроив небольшой столик, читал библию, стараясь не обращать внимания на поведение Дымы.

Однако через несколько минут Дыма подошел к нему и, положив ему руку на плечо, наклонился к его лицу так близко, что от него запахло даже вином.

— Слушай, Матвей, — сказал он каким-то заискивающим голосом. — Вот видишь, что я тебе хочу сказать. Они... хотели бы угостить тебя.

— Спасибо, я не хочу, — ответил Матвей, не отрываясь от книги.

— И видишь, что еще... Пожалуйста, не прими там как-нибудь... того... в дурную сторону. У всякого народа свой

56

обычай, и в чужой монастырь, как говорится, не ходят со своим уставом.

— К чему ты это ведешь? — спросил Матвей строго.

— А к тому, что этот Падди хочет с тобой драться...

Матвей даже разинул рот от удивления, и два приятеля с полминуты молча глядели друг на друга. Потом Дыма отвел глаза и сказал:

— Когда уже у них здесь такой обычай...

— Послушай, Дыма, — сказал Матвей серьезно. Почему ты думаешь, что их обычай непременно хорош? А по-моему, у них много таких обычаев, которых лучше не перенимать крещеному человеку. Это говорю тебе я, Матвей Лозинский, для твоей пользы. Вот ты уже переменил себе лицо, а потом застыдишься и своей веры. И когда придешь на тот свет, то и родная мать не узнает, что ты был лозищанин.

— Э! — ответил Дыма с неудовольствием. — Где Крым, где Рим, а где панская корчма. С какой стати ты приплел сюда мою покойницу мать? Мне говорят: скажи, я и сказал. А ты как себе хочешь.

— Ну, так я и говорю: скажи ты своим приятелям, пусть не просят своего бога, чтобы я стал с ними драться...

— Ну, вот видишь, — обрадовался Дыма. — Я им как раз говорил, что ты у нас самый сильный человек не только в Лозищах, но и во всем уезде. А они говорят: ты не знаешь правильного боя.

Дыма отошел к ирландцам, а Матвей опять обратился к старой библии и погрузился в чтение.

Он стал читать, шевеля губами, о том, как двое молодых людей пришли в Содом к Лоту и как жители города захотели взять их к себе. Потом он поднял голову и начал думать. Он думал о том, что вот они с Дымой как раз такие молодые люди в этом городе. Только у Дымы сразу стал портиться характер, и он сам пошел к жителям города...

Пока он размышлял таким образом, кто-то вдруг погасил рожок, около которого он сидел. Матвей оглянулся. За ним, недалеко, сидел мистер Падди, ирландец, приятель Дымы, и невинно улыбался.

Матвей достал спичку, зажег рожок и опять принялся за книгу. Однако, догадавшись, что Падди на этом не кончит, он тотчас оглянулся. Падди стоял сзади и уже вытянул рот, чтобы дунуть на огонь из-за плеча Матвея.

Матвей не очень сильно двинул локтем, и Падди упал на постель.

— All right (хорошо), — сказал он, подымаясь и скидывая куртку.

— Wery well (отлично), — сказали его товарищи, отодвигая стулья и подходя к тому месту.

— Ал раит, — повторил за другими и Дыма как-то радостно. — Теперь выходи, Матвей, на середину и, главное, защищай лицо. Он будет бить по носу и в губы. Я знаю его манеру...

Но Матвей, как ни в чем не бывало, сел опять и раскрыл свою книгу.

Ирландцы были озадачены. Однако, так как у них на все есть свои правила, то вскоре Падди стал подходить к Матвею, приседая и вертя кулаками, точно мельницей.

"Ну, делать нечего, — подумал Матвей, — если уж ты сам этого хочешь".

И не успел еще Падди изловчиться, как уже сильный лозищанин встал во весь рост, как медведь на охотника, поднял над головой Падди обе руки, потом сгреб его за густые, хотя и не длинные волосы, нагнул и, зажав голову коленями, несколько раз шлепнул очень громко по мягкому месту.

Все это случилось так быстро, что никто не успел и оглянуться. А когда Падди поднялся, озираясь кругом, точно новорожденный младенец, который не знает, что с ним было до этой минуты, то все невольно покатились со смеху.

На несколько минут большая комната мистера Борка оглашалась только хохотом на разные лады и разными голосами. Даже длинный американец, с сухим лицом и рыжей бородой в виде лопатки, человек в очень потертом клетчатом костюме, на высохшем и морщинистом лице которого никогда не видно было даже подобия улыбки, теперь делал какие-то невероятные гримасы, как будто хватил нечаянно уксусу, и из его горла вылетало что-то такое, как будто он сильно заикался. А один безусый юноша, недавно занявший последнюю кровать у мистера Борка, кинулся на свою постель и хохотал звонко, неудержимо, лягая в воздухе ногами, как будто боялся, что иначе смех задушит его на смерть. На этот шум из других комнат прибежали сначала Роза, а потом и Анна. Роза видела только, как Падди оглядывался по комнате, и все-таки упала на стул у двери, свесив руки и закинув голову от смеха. А Анна уже ничего не видела, но все-таки смеялась, зараженная общим хохотом и глядя на сухопарого американца, который все еще икал и как будто давился.

Дыма тоже смеялся и сначала очень гордился своим приятелем.

— А, что! Я говорил вам, — сказал он, поворачиваясь к смеющимся американцам и забывая даже перевести свои слова. — Га! Вот как дерутся у нас, в Лозищах.

Но после, когда смех постепенно утих и все принялись горячо обсуждать случившееся, лицо Дымы стало омрачаться, и через некоторое время он сказал так, что Матвей расслышал ясно его слова:

— Хорошо, нечего сказать: драться, точно медведь у берлоги... Это стыд перед образованными людьми...

— Ничего, — ответил Матвей спокойно, опять, как ни в чем не бывало, принимаясь за библию,— хоть по-медвежьи, а здорово. В другой раз твой Падди будет знать...

Ирландцы пошумели еще некоторое время, потом расступились, выпустив Падди, который опять вышел вперед и пошел на Матвея, сжав плечи, втянув в них голову, опустивши руки и изгибаясь, как змея. Матвей стоял, глядя с некоторым удивлением на его странные ужимки, и уже опять было приготовился повторить прежний урок, как вдруг ирландец присел; руки Матвея напрасно скользнули в воздухе, ноги как будто сами поднялись, и он полетел через постель на спину.

Кровать затрещала, и огромный лозищанин свалился на пол.

— All right, — одобрительно раздалось в куче ирландцев, а Падди, довольный, стал надевать свою куртку.

Но в это время Матвей тяжело поднялся из-за кровати.

Его нельзя было узнать: всегда кроткие глаза его теперь глядели дико, волосы торчали дыбом, зубы скрипели, и он озирался, что бы ему взять в руку.

Ирландцы взяли Падди в середину и сомкнулись тревожно, как стадо при виде медведя. Все они глядели на этого огромного человека, ожидая чего-то страшного, тем более, что Дыма тоже стоял перепуганный и бледный...

Трудно сказать, что было бы дальше, но в эту минуту Анна перебежала через комнату и схватила Матвея за руку.

— Для бога, — сказала она только. — О, для бога!..

Матвей поглядел на нее сначала мутным, непонимающим взглядом, но через несколько секунд тяжело перевел дух. Потом отвернулся и сел к окну.

Ирландцы успокоились. Падди хотел даже подойти к Матвею и протянул руку; но Дыма остановил его, и они оставили Матвея в покое.

А за окном весь мир представлялся сплошною тьмой, усеянной светлыми окнами. Окна большие и окна маленькие, окна светились внизу, и окна стояли где-то высоко в небе, окна яркие и веселые, окна чуть видные и будто прижмуренные. Окна вспыхивали и угасали, наконец, ряды окон пролетали мимо, и в них мелькали, проносились и исчезали чьи-то фигуры, чьи-то головы, чьи-то едва видные лица...

XIII

Поздним вечером Дыма осторожно улегся в постель рядом с Матвеем, который лежал, заложив руки за голову, и о чем-то думал, уставивши глаза и сдвинувши брови. Все уже спали, когда Дыма, собравшись с духом, сказал:

— И чего бы, кажется, сердиться на приятеля... Разве я тут виноват... Если уже какой-нибудь поджарый Падди может повалить самого сильного человека во всех Лозищах... Га! Это значит, такая уже в этой стороне во всем образованность... Тут сердиться нечего, ничего этим не поможешь, а видно надо как-нибудь и самим ухитряться... Индейский удар! Это у них, видишь ли, называется индейским ударом...

Матвей поднялся на постели, повернул лицо к Дыме и спросил:

— А ты, Дыма Лозинский, знал вперед, что они мне приготовили эту индейскую штуку?..

— А... разве я уже все понимаю по-английски, — отвечал Дыма уклончиво. И затем, обрадовавшись, что Матвей говорит спокойно, он продолжал уже смелее: — Вот, знаешь что, сходим завтра к этому цирюльнику. Приведи ты и себя, как это здесь говорится, в порядок, и кончено. Ей-богу, правда! — прибавил он сладким голосом и уже собираясь заснуть.

Но вдруг он с испугом привскочил на кровати. Матвей тоже сидел. При свете с улицы было видно, что лицо его бледно, волосы стоят дыбом, глаза горят, а рука приподнята кверху.

— Слушай ты, Дыма, что тебе скажет Матвей Лозинский. Пусть гром разобьет твоих приятелей, вместе с этим мерзавцем Тамани-голлом, или как там его зовут! Пусть гром разобьет этот проклятый город и выбранного вами какого-то мэра. Пусть гром разобьет и эту их медную свободу, там на острове... И пусть их возьмут все черти, вместе с теми, кто продает им свою душу...

— Тише, пожалуйста, Матвей, — пробовал остановить его Дыма. — Люди спят, и здесь не любят, когда кто кричит ночью...

Но Матвей не остановился, пока не кончил. А в это время, действительно, и ирландцы повскакали с кроватей, кто-то зажег огонь, и все, проснувшись, смотрели на рассвирепевшего лозищанина.

— Смотрите, не смотрите, а это правда, — сказал он, повернувшись к ним и грозя кулаком, и затем опять повалился на постель.

Американцы стали тревожно разговаривать между собой и потом, потребовав Дыму, спрашивали у него, в своем ли разуме его приятель и не грозит ли им ночью от него какая-нибудь опасность. Но Дыма их успокоил: теперь Матвей будет спать и никому ничего не сделает. Он человек добрый, только не знает образованности, и теперь его дня два не надо трогать... Тогда американцы тихо разошлись по своим постелям, оглядываясь на Матвея. Погасили огни, и в комнате мистера Борка водворилась тишина. Только огни с улицы светили смутно и неясно, так что нельзя было видеть, кто спит и кто не спит в помещении мистера Борка.

XIV

Матвей Лозинский долго лежал в темноте с открытыми глазами и забылся сном уже перед утром, в тот серый час, когда заснули совсем даже улицы огромного города. Но его сон был мучителен и тревожен: он привык уважать себя и не мог забыть, что с ним сделал негодяй Падди. И как только он начинал засыпать, — ему снилось, что он стоит, неспособный двинуть ни рукой, ни ногой, а к нему, приседая, подгибая колени и извиваясь, как змея, подходит кто-то, — не то Падди, не то какой-то курчавый негр, не то Джон. И он не может ничего сделать, и летит куда-то среди грохота и шума, и перед глазами его мелькает испуганное лицо Анны.

Потом вдруг все стихло, и он увидел еврейскую свадьбу: мистер Мозес из Луисвилля, еврей очень неприятного вида, венчает Анну с молодым Джоном. Джон с торжествующим видом топчет ногой рюмку, как это делается на еврейской свадьбе, а кругом, надрываясь, все в поту, с вытаращенными глазами, ирландцы гудят и пищат на скрипицах, и на флейтах, и на пузатых контрабасах... А невдалеке, задумчивый и недоумевающий, стоит Берко и говорит:

— Ну, что вы на это скажете?.. И как вы это можете допустить?..

Матвей заскрежетал во сне зубами, так что Дыма проснулся и отодвинулся от него со страхом...

— Гей-гей!.. — закричал Матвей во сне.— А где же тут христиане? Разве не видите, что жиды захватили христианскую овечку!..

Дыма отодвинулся еще дальше, слушая бормотание Матвея, но тот уже смолк, а сон шел своим чередом... Бегут христиане со всех сторон, с улиц и базаров, из шинков и от возов с хлебом. Бегут христиане с криком и шумом, с камнями и дреколием... Быстро запираются Двери домов и лавочек, звякают стекла, слышны отчаянные крики женщин и детей, летят из окон еврейские бебехи и всякая рухлядь, пух из перин кроет улицы, точно снегом...

Потом и это затихло, и в глубоком сне к Матвею подошел кто-то и стал говорить голосом важным и почтенным что-то такое, от чего у Матвея на лице даже сквозь сон проступило выражение крайнего удивления и даже растерянности.

И на этом он проснулся... Ирландцы спешно пили в соседней комнате утренний кофе и куда-то торопливо собирались. Дыма держался в стороне и не глядел на Матвея, а Матвей все старался вспомнить, что это ему говорил кто-то во сне, тер себе лоб и никак не мог припомнить ни одного слова. Потом, когда почти все разошлись и квартира Борка опустела, он вдруг поднялся наверх, в комнату девушек.

Там он застал Джона. В последние дни молодой человек нередко заходил туда, просиживал по получасу и более и что-то оживленно рассказывал Анне. На этот раз, поднимаясь по лестнице, Матвей опять услышал голос молодого человека.

— Ну, вот видите, — говорил он, — так-то здесь живут, в новом свете, что? Разве плохо?

Увидя Матвея, он скоро попрощался и выбежал, чтобы поспеть к поезду, а Матвей остался. Лицо его было немного бледно, глаза глядели печально, и Анна потупилась, ожидая, что он скажет. Обе девушки посмотрели на него как-то застенчиво, как будто невольно вспоминали об индейском ударе и боялись, что Лозинский догадается об этом. Он тяжело присел на постель, посмотрел на Анну немного растерянным взглядом и сказал:

— Хочешь ли ты, сирота, послушать, что тебе скажет Матвей Лозинский?

— Говорите, пожалуйста. Я вас считаю за родного,— тихо ответила девушка, которая старалась показать Матвею, что она не перестала уважать его после вчерашнего случая.

Матвей мучительно задумался и сказал:

— Мало хорошего в этой стороне, малютка. Поверь ты мне, — мало хорошего... Содом и Гоморра.

Роза невольно улыбнулась, но он говорил так печально, что у Анны навернулись на глаза слезы. Она подумала, что, по рассказам Джона, в Америке не так уж плохо, если только человек сумеет устроиться. Но она не возражала и сказала тихо:

— Что же теперь делать?

— А! Что делать! Если бы можно, надел бы я котомку на плечи, взял бы в руки палку, и пошли бы мы с тобой назад, в свою сторону, хотя бы Христовым именем... Лучше бы я стал стучаться в окна на своей стороне, лучше стал бы водить слепых, лучше издох бы где-нибудь на своей дороге... На дороге или в поле... на своей стороне... Но теперь этого нельзя, потому что...

Он потер себе лоб и сказал:

— Потому что море... А письма от Осипа не будет... И сидеть здесь, сложа руки... ничего не высидим... Так вот, что я скажу тебе, сирота. Отведу я тебя к той барыне... к нашей... А сам посмотрю, на что здесь могут пригодиться здоровые руки... И если... если я здесь не пропаду, то жди меня... Я никогда еще не лгал в своей жизни и... если не пропаду, то приду за тобою...

— Нехорошо вы придумали! — горячо сказала на это молодая еврейка. — Мы эту барыню знаем... Она всегда старается нанимать приезжих.

— Бог наградит ее за это, — сказал Матвей сухо.

— Но это потому, — сбиваясь, сказала Роза, — что она платит очень мало...

— С голоду не уморит...

—И заставляет очень много работать.

64

— Бог любит труд...

Матвей посмотрел на Розу высокомерным и презрительным взглядом. Молодая еврейка хорошо знала этот взгляд христиан. Ей казалось, что она начала дружиться с Анной и даже питала симпатию к этому задумчивому волынцу, с голубыми глазами. Но теперь она вспыхнула и сказала:

— Делайте, как себе хотите... — И она вышла из комнаты...

— Наше худое лучше здешнего хорошего, — сказал Матвей поучительно, обращаясь к Анне. — Собери свои вещи. Мы пойдем сегодня.

Анна вздохнула, однако покорно стала собираться. Матвею не понравилось, что, уходя из помещения мистера Борка, она крепко поцеловалась с еврейкой, точно с сестрой.

XV

В этот день наши опять шли по улицам Нью-Йорка, с узлами, как и в день приезда. Только в этот раз с ними не было Дымы, который давно расстался со своей белой свитой, держался с ирландцами и даже плохо знал, что затевают земляки. Зато Матвей и Анна остались точь-в-точь, как были: на нем была та же белая свита со шнурами, на ней — беленький платочек. Молодой Джон тоже считал очень глупым то, что надумал Матвей. Но, как американец, он не позволял себе мешаться в чужие дела и только посвистывал от досады, провожая Матвея и Анну.

Сначала шли пешком, потом пара лошадей потащила их в огромном вагоне, потом поднимались наверх и летели по воздуху. Из улицы в улицу — ехали долго. Пошли дома поменьше, попроще, улицы пошли прямые, широкие и тихие.

На одном углу наши вышли и пошли прямо. Если бы поменьше камни, да если бы кое-где из-под камня пробилась мурава, да если бы на середине улицы сидели ребята с задранными рубашонками, да если бы кое-где корова, да хоть один домишко, вросший окнами в землю и с провалившейся крышей, — то, думалось Матвею, улица походила бы, пожалуй, на нашу. Только здесь все дома были как один: все в три этажа, все с плоскими крышами, у всех одинаковые окна, одинаковые крылечки с одинаковым числом ступенек, одинаковые выступы и карнизы. Одним словом, вдоль улицы ряды домов стояли, как родные братья-близнецы, — и только черный номер на матовом стекле, над дверью, отличал их один от другого.

Джон посмотрел в свою записную книжку, потом разыскал номер и прижал пуговку у двери. В квартире что-то затрещало. Дверь отворилась, и наши вошли в переднюю.

Старая барыня, ждавшая мужа, сама отперла дверь. Она, как оказалось, мыла полы. Очки у нее были вздернуты на лоб, на лице виднелся пот от усталости, и была она в одной рубашке и грязной юбке. Увидев пришедших, она оставила работу и вышла, чтобы переодеться.

— Смотри, — шепнул Матвей Анне, — вот как здесь

живется нашим господам, — что уж говорить о простых людях!

— Ну, — ответил Джон, — вы еще не знаете этой стороны, мистер Метью. — И с этими словами он прошел в первую комнату, сел развязно на стул, а другой подвинул Анне.

Матвей строго посмотрел на невежливого молодого человека, и оба с Анной остались на ногах у порога. Матвей не взлюбил молодого еврея еще с тех пор, как говорил с ним о религии. А затем он не мог не заметить, что Джон частенько остается дома с сестрой, помогает девушкам по хозяйству и поглядывает на Анну. Нужно сказать, что девушка была хороша: голубые глаза, большие и ясные, кроткий взгляд, приветливая улыбка и нежное лицо, немного, правда, побледневшее от дороги и от неизвестности. Никто из бездельников, живших у Борка, ни разу не позволил себе с девушкой ни одной вольности. Однако, не считая Дымы, который вывертывался перед нею в своих диковинных пиджаках, еще и Падди тоже старался всячески услужить ей, когда встречался в коридоре или на лестнице. А тут еще Джон и рассказы Борка о Мозесе... "Чего доброго, — думал Матвей, — ведь в этом Содоме никто не смотрит за такими делами. Вот Дыма — давний и испытанный приятель, но и у него характер совершенно изменился в какую-нибудь неделю. Что же может статься с молоденькой, неопытной девушкой, немного еще, может быть, и легкомысленной, как все дочери Евы... Дурного, положим, она не сделает... Но ведь здесь и хорошее тоже ни чорта не стоит, а девушка молода, неопытна и испугана".

Вспомнив, вдобавок, свой сон, Матвей даже вздохнул и оглянулся. Слава богу, вот квартира старой барыни, которая возьмет к себе Анну. Все нравилось Матвею в этой квартире. В первой комнате стоял стол, покрытый скатертью, в соседней виднелась кровать, под пологом, в углу большой знакомый образ Почаевской божией матери, которую в нашем Западном крае чтут одинаково католики и православные. За образом была воткнута восковая свеча и пучок сухих веток. Верба не верба, а все-таки был виден наш обычай, и у Матвея стало теплее на сердце... Поэтому он сначала заложил руку за пояс и очень гордо посмотрел на молодого еврея... Но тотчас же ему пришлось смиренно согнуться почти до земли, потому что в комнату вошла барыня, одетая, с очками на носу, с вязанием в руках. Вид у нее был спокойный и даже величавый, так что Матвею было даже странно вспомнить, что он видел ее сейчас за мытьем полов. Она села на стул, досчитала петли, передернула спицу и сказала почтительно ожидавшим Матвею и Анне, не кивнув даже Джону:

— Ну, что скажете?

— К вашей милости, — ответили оба в один голос.

— Тебя, кажется, зовут Анной?..

— Анной, милостивая пани.

— А тебя... Матвеем?

Лицо Матвея расцвело приятной улыбкой.

— А что же тот... Третий?.. Матвей махнул рукой:

— А! Не знаю уж, что и сказать... Поступил на службу или уж как... к какому-то здешнему... Тамани-голлу....

Барыня жалостно посмотрела на Матвея и покачала головой.

— Хороший господин, нечего сказать! Шайка мошенников!

— О господи, — вздохнул Лозинский.

— В этой стороне все навыворот, — сказала опять барыня. — У нас таких молодцов сажают в тюрьмы, а здесь они выбирают висельников в городские мэры, которые облагают честных людей налогами.

Матвей вспомнил, что и Дыма выбирал мэра, и вздохнул еще глубже. У барыни спицы забегали быстрее, — было видно, что она начинает чего-то сердиться...

— Ну, что же ты мне скажешь, моя милая? — спросила она как-то едко, обращаясь к Анне. — Ты пришла наниматься или, может быть, тоже поищешь себе какого-нибудь Таманиголла?..

— Она — девушка честная, — вступился Матвей.

— А! Видела я за двадцать лет много честных девушек, которые через год, а то и меньше пропадали в этой проклятой стране... Сначала человек как человек: тихая, скромная, послушная, боится бога, работает и уважает старших. А потом... Смотришь, — начала задирать нос,

потом обвешается лентами и тряпками, как ворона в павлиньих перьях, потом прибавляй ей жалованье, потом ей нужен отдых два раза в неделю... А потом уже барыня служи ей, а она хочет сидеть сложа руки...

— Господи упаси! Где же это видано!.. — сказал с ужасом Матвей.

Молодой Джон сидел на стуле, вытянув ноги и заложив руки в карманы, с видом человека, скучающего от этих разговоров.

— Ну, чорт еще не так страшен, как его малюют, — сказал он...

Барыня замолкла, даже перестала вязать и устремила внимательный взгляд на Джона, который поднял беспечно голову к потолку, как будто разглядывая там что-то интересное. Несколько секунд стояло молчание, барыня и Матвей укоризненно смотрели на молодого еврея. Анна покраснела.

— А все отчего? — начала опять барыня спокойно. — Все оттого, что в этой стране нет никакого порядка. Здесь жид

Берко — уже не Берко, а мистер Борк, а его сын Иоська превратился в ясновельможного Джона...

— Чистая правда, — сказал Матвей с убеждением. — Слышишь, Анна?

Девушка с некоторым удивлением посмотрела на Матвея и покраснела еще больше. Ей казалось, что хотя, конечно, Джон еврей и сидит немного дерзко, но что говорить так в глаза не следует...

— Да, все здесь перемешалось, как на Лысой горе, — продолжала барыня, — правду говорит один мой знакомый; этот новый свет как будто сорвался с петель и летит в преисподнюю...

— И это святая правда, — подтвердил Матвей.

— Я вижу, что ты человек разумный, — сказала барыня снисходительно, — и понимаешь это... То ли, сам скажи, у нас?.. Старый наш свет стоит себе спокойно..., люди знают свое место... жид так жид, мужик так мужик, а барин так барин. Всякий смиренно понимает, кому что назначено от господа... Люди живут и славят бога...

— Ну, эту историю надо когда-нибудь кончить, — сказал Джон, поднимаясь.

— Ах, извините, мистер Джон, — усмехнулась барыня. — Ну, что ж, моя милая, надо и в самом деле кончать. Я возьму тебя, если сойдемся в цене... Только вперед предупреждаю, чтобы ты знала: я люблю все делать по-своему, как у нас, а не по-здешнему.

— Это и всего лучше, — вставил Матвей.

— Я за тебя отвечаю перед людьми и перед богом. По воскресеньям мы станем вместе ходить в храм божий, а на эти митинги и балы — ни ногой.

— Слушай барыню, Анна, — сказал Матвей. — Барыня тебя худому не научит... И уж она не обидит сироту.

— Пятнадцать долларов в месяц считается здесь совсем низкой платой, — сказал Джон, глядя на часы, — пятнадцать долларов, отдельная комната и свободный день в неделю.

Барыня, все так же спокойно продолжая вязанье, кинула на Джона уничтожающий взгляд и сказала Анне:

— Знаешь ты, что значит доллар?

— А это два рубля, милостивая госпожа, — ответил за Анну Матвей.

— Ты служила уже где-нибудь?

— Служила... горничной у г-жи Залесской.

— Сколько получала? — Шесть рублей.

— Много что-то для нашей стороны, — вздохнула барыня. — В мое время такой платы не знали... А здесь, если хочешь получить тридцать, то поди вот к нему. Он тебе даст тридцать рублей, отдельную комнату и сколько хочешь свободного времени... днем...

Краска опять залила лицо Анны, а барыня, посмотрев на нее поверх очков, прибавила, обращаясь к Матвею:

— Недалеко ходить: на этой же улице живет христианская девушка у еврея. И уже бог благословил их ребеночком.

— Вы же знаете, что они обвенчаны, — сказал Джон сердито.

— Обвенчаны, конечно!.. Кто же их это обвенчал, скажи, пожалуйста?

— Их обвенчали в мэрии, вы знаете.

— Ну, вот видите, — обратилась барыня к Матвею.— Они это называют венчанием...

Матвей с ненавистью взглянул на еврея и сказал:

— Девушка останется у вас.

И потом, посмотрев на Анну, он добавил мягким тоном:

— Она, сударыня, круглая сирота... Грех ее обидеть. Барыня, перебирая спицы, кивнула головой. Между тем Джон, которому очень не понравилось все это, а также и обращение с ним Матвея, надел шляпу и пошел к двери, не говоря ни слова. Матвей увидел, что этот неприятный молодой человек готов уйти без него, и тоже заторопился. Наскоро попрощавшись с Анной и поцеловав у барыни руку, он кинулся к двери, но еще раз остановился.

— А что... извините... я спросил бы у вас?

— Что такое?

— Не найдется ли и мне у вас местечка? За дешевую плату... Может, по двору, в огороде или около лошади? Угла бы я у вас где-нибудь в сарае не пролежал и цену бы взял пустую. А?.. Чтобы только не издохнуть...

— Нет, милый. Какие огороды! Какие лошади! Здесь сенаторы садятся за пять центов в общественный вагон рядом с последним оборванцем...

— Ну, прошу прощения... А где же?..

И, не окончив, Матвей торопливо выбежал на крыльцо, чтобы не потерять из виду Джона.

XVI

На крыльце неприятного молодого человека уже не было, но кто-то мелькнул за углом. Матвей побежал туда, хотя ему и показалось, что это в другой стороне. Повернув еще за угол, он догнал шедшего человека, но в этой стороне люди, как и дома, похожи друг на друга. На незнакомце был такой же котелок на голове, такая же тросточка в руках, такая же походка, как и у Джона, но лицо человека, повернувшегося к Матвею, было совсем чужое, удивленное и незнакомое. Матвей остолбенел и провожал взглядом уходившего незнакомца; а на Матвея с обеих сторон улицы глядели занавешенные окна домов, похожих друг на друга, как две капли воды.

Матвей попробовал вернуться. Он еще не понимал хорошенько, что такое с ним случилось, но сердце у него застучало в груди, а потом начало как будто падать. Улица, на которой он стоял, была точь-в-точь такая, как и та, где был дом старой барыни. Только занавески в окнах были опущены на правой стороне, а тени от домов тянулись на левой. Он прошел квартал, постоял у другого угла, оглянулся, вернулся опять и начал тихо удаляться, все оглядываясь, точно его тянуло к месту или на ногах у него были пудовые гири.

А в это время молодого Джона зазрила совесть, что он так невежливо бросил Матвея. Он быстро вернулся, позвонил и довольно сердито попросил выслать Лозинского, потому что ему некогда ждать: время — деньги.

Старая барыня посмотрела на него с удивлением. Анна, которая успела уже снести свой узел в кухню и, поддернув подол юбки, принималась за мытье пола, покинутого барыней, наскоро оправившись, тоже выбежала к Джону. Все трое стояли на крыльце и смотрели и направо, и налево. Никого не было видно, похожего на Матвея, на тихой улице.

— Ну, он, верно, пошел на станцию другой дорогой, — сказал Джон.

Анна недоверчиво покачала головой.

— Нет, — сказала она, — он не знает здесь никакой дороги.

Она посмотрела на улицу, на ряды однообразных домов, и на глазах у нее появились слезы.

— Ну, милая,— сказала барыня, — глядеть теперь нечего... Ничего не высмотришь... Да и не за тем я взяла тебя... Там пол стоит недомытый.

— Может быть... он вернется? — сказала Анна.

— Что же! Ты так и будешь стоять тут до вечера? -спросила барыня, уже немного раздражаясь.

— Он у меня один только близкий человек в этой стороне, — произнесла Анна тихо.

— Ну, и слава богу, что только один, — ответила барыня. — Для молодой девушки и одного слишком много.

Анна кинула последний взгляд на улицу. За углом мелькнула фигура Джона, расспрашивавшего какого-то прохожего. Потом и он исчез. Улица опустела. Анна вспомнила, что она не оставила себе даже адреса мистера Борка и что она теперь так же потеряна здесь, как и Матвей.

Вскоре дверь за нею захлопнулась, и дом старой барыни, недавно еще встревоженный, стоявший с открытою дверью и с людьми на крыльце, которые останавливали расспросами прохожих, опять стал в ряд других, ничем не отличаясь от соседей; та же дверь с матовым стеклом и черный номер: 1235.

Между тем, недалеко в переулке один из прохожих, которого расспрашивал Джон, наткнулся на странного человека, который шел, точно тащил на плечах невидимую тяжесть, и все озирался. Американец ласково взял его за рукав, подвел к углу и указал вдоль улицы:

— Тэрти-файф, тэрти-файф (тридцать пятый), — сказал он ласково, и после этого, вполне уверенный, что с таким точным указанием нельзя уже сбиться, побежал по своему спешному делу, а Матвей подумал, оглянулся и, подойдя к ближайшему дому, позвонил. Дверь отворила незнакомая женщина с лицом в морщинах и с черными буклями по бокам головы. Она что-то сердито спросила — и захлопнула дверь.

То же случилось в следующем доме, то же в третьем. На углу он подумал, что надо повернуть, и он повернул, опять повернул и, увидя фонтан, мимо которого, как ему казалось, они проходили час назад, повернул еще раз. Перед ним вновь была такая же улица, только тени опять перебросились на правую сторону, а солнце прямо било в занавески на левой... Издали, точно где-то за горой, храпел поезд... Матвей остановился на середине улицы, как барка, которую сорвало с причала и несет куда-то по течению, и, без надежды найти жилье старой барыни, пошел туда, откуда слышался шум. А в это время по улице, через которую только что прошел лозищанин, опять пробежал молодой Джон, совсем встревоженный и огорченный. No 1235 опять отворился, и опять на крыльце стояли две женщины с молодым человеком, советуясь и озираясь кругом. У Анны на глазах стояли слезы, Джон сконфуженно пожимал плечами.

Поздно вечером, заплаканная и грустная, Анна кончила работу своего первого дня на службе. Работы было много, так как более двух недель уже барыня обходилась без прислуги. Вдобавок, в этот день у барыни обыкновенно вечером играли в карты жильцы ее и гости. Засиделись далеко за полночь, и Анна, усталая и печальная, ждала в соседней комнате, чтобы быть готовой на первый зов.

Расходясь, гости благодарили хозяйку за приятный вечер.

— А! Право, только у вас, и почувствуешь себя ивой раз точно на родине, — сказал один из гостей, целуя у хозяйки руку. — И как вы это все умеете устроить?

— О, она у меня истинная волшебница! — сказал с

73

гордостью муж старой барыни, человек круглый, седой, с пробритой в середине бородкой и торчавшими по бокам седыми баками.— А заметили вы новую горничную?

— Как не заметить. Наверное, из наших стран. Такие хорошие, покорные глаза. О, наш народ еще не испорчен!

— Скажите лучше: не весь еще испорчен. Есть уже и у нас эти карикатуры на господ. Даже в деревню уже проникает пиджак, заменяя живописные костюмы простого народа.

— Да. А девушка, действительно, приятная; нет этого вызывающего нахальства, этого... как бы сказать... Ну, одним словом, приятно, когда видишь человека, занимающего свое место.

— Надолго ли только! — вздохнула барыня. — Портится все это здесь необыкновенно скоро. И не знаешь, просто, откуда.

— В воздухе, в воздухе... вроде эпидемии, — сказал один из жильцов, весело засмеявшись... — И проходя в свою комнату, он благосклонно ущипнул Анну за подбородок...

А в бординг-гоузе мистера Борка в этот вечер долго стоял шум. Несмотря на то, что у Дымы испортился характер, ему теперь было очень совестно и жалко Матвея, и он чувствовал себя виноватым. Отправляясь на чужую сторону, они сговорились жить или пропадать вместе. Голова — Дымы; сила, руки и ноги — Матвея. Теперь ноги одни ходили по свету в то время, как голова путалась с чужими людьми. Совесть у Дымы проснулась. Дыма кричал, Дыма проклинал Джона, себя и своих приятелей и даже толкнул Падди, когда тот сунулся с какой-то шуткой. Падди обиделся и вызвал Дыму на единоборство. Дыма сначала послал его к чорту; но Падди пустил ему немного крови из носу, — тогда он сам стал совать руками, куда попало... Чувствуя, однако, что и голове приходится плохо без сильной руки товарища, он схватил стул, стал кричать, что ему наплевать на все правила, и сильно уронил себя во мнении Падди... Ночью он вскакивал с постели и даже плакал.

Но это, конечно, не помогло. Приятель потонул в огромном городе, точно иголка на пыльном проезжем шляху...

XVII

Впоследствии, по причинам, которые мы изложим дальше, Матвей Лозинский из Лозищей стал на несколько дней самым знаменитым человеком города Нью-Йорка, и каждый шаг его в эти дни был прослежен очень точно. Прежде всего, человека в странной белой одежде видели идущим на 4 avenue, потом он долго шел пешком, под настилкой воздушной дороги, к Бруклинскому мосту. Казалось, его тянуло туда, где люднее и гуще. На углу Бродвея и какого-то переулка он вошел в булочную и, указав на огромный кусок белого хлеба, протянул руку с деньгами на ладони. Он говорил что-то продавцу-немцу и даже, когда тот отдавал сдачу, старался схватить его за руку и тянулся к ней губами. Немец вырвал руки и занялся другими покупателями. Человек постоял, посмотрел на булочника грустными глазами, пытался еще говорить что-то и вышел на улицу.

Это был час выхода вечерних газет. На небольшой площадке, невдалеке от огромного здания газеты "Tribune", странный человек зачерпнул воды у фонтана и пил ее с большой жадностью, не обращая внимания на то, что в грязном водоеме два маленьких оборванца плавали и ныряли за никелевыми и медными монетками, которые им на потеху кидали прохожие. Бесчисленное количество газетных мальчишек, ожидавших выхода номера и развлекавшихся пока чем попало, разделили свое внимание между этими водолазами и странно одетым человеком, которого они засыпали целой тучей звонких острот. В это время через площадку проходил газетный репортер-иллюстратор и наскоро набросал эту сцену в своей книжке. Без сомнения, если бы этот джентльмен мог провидеть будущее, он постарался бы сделать свой рисунок как можно точнее. Но, во-первых, он очень торопился, и ему пришлось поэтому заканчивать набросок с памяти, а во-вторых, он был введен в заблуждение присутствием нырявших мальчишек, которых причислил к семейству незнакомца. Наконец, он не знал, на что собственно может пригодиться его эскиз, так как странный незнакомец не мог ответить ничего на самые обыкновенные вопросы.

— Your nation? — спросил репортер, желая узнать, какой Матвей нации.

— Как мне найти мистера Борка? — ответил тот.

— Your name (ваше имя)?

— Он тут где-то... имеет помещение. Наш... могилевский жид.

— How do you like this country? — Это значило, что репортер желал знать, как Матвею понравилась эта страна, — вопрос, который, по наблюдениям репортеров, обязаны понимать решительно все иностранцы...

Но незнакомец не ответил, только глядел на газетного джентльмена с такою грустью, что ему стало неловко. Он прекратил расспросы, одобрительно похлопал Матвея по плечу и сказал:

— Wery well! Это очень хорошо для вас, что вы сюда приехали: Америка — лучшая страна в мире, Нью-Йорк — лучший город в Америке. Ваши милые дети станут здесь когда-нибудь образованными людьми. Я должен только заметить, что полиция не любит, чтобы детей купали в городских бассейнах.

Затем, с "талантом, отличающим карандаш этого джентльмена", он украсил на рисунке свитку лозищанина несколькими фантастическими узорами, из его волос, буйных, нестриженых и слипшихся, сделал одно целое — вместе с бараньей шапкой и, наконец, всю эту странную прическу, по внезапному и слишком торопливому вдохновению, перевязал тесьмой или лентой. Рост Матвея он прибавил еще на 1/4 аршина, а у его ног, в водоеме, поместил двух младенцев, напоминавших чертами предполагаемого родителя.

Все это он наскоро снабдил надписью: "Дикарь, купающий своих детей в водоеме на Бродвее", и затем, сунув книжку в карман и оставляя до будущего времени вопрос о том, можно ли сделать что-либо полезное из такого фантастического сюжета, он торопливо отправился в редакцию.

Как раз в эту минуту вышло вечернее прибавление, и все внимание площадки и прилегающих переулков обратилось к небольшому балкону, висевшему над улицей, на стене Tribune-building (дом газеты "Трибуна"). На этот балкончик выходили люди с кипами газет, брали у толпившихся внизу мальчишек, запрудивших весь переулок, их марки, а взамен кидали им кипы газет. Минут в двадцать все было кончено. Сотни мальчишек мчали во все стороны десятки тысяч номеров, и их звонкие крики разносились с этого места по огромному городу.

На площадке остался только лозищанин, да два оборванца вылавливали в водоеме последние монеты. Вскоре туда же подошел еще высокий господин, в партикулярном платье, в серой большой шляпе, в виде шлема, и с короткою палкой в руке, вроде гетманской булавы, украшенной цветным шнурком и кистями. Это был полисмен Гопкинс, лицо, хорошо известное всему Нью-Йорку. Полисмен Гопкинс, как сообщалось в тех же газетных заметках, из которых я узнал эту часть моей достоверной истории, был прежде довольно искусным боксером, на которого ставились значительные пари. Однако в последние годы ему пришлось испытать несколько крупных превратностей, связанных с этой профессией, а одна из них сопровождалась даже раздроблением носовых хрящей, потребовавших серьезного лечения. Это побудило мистера Гопкинса к перемене рода занятий. Физические данные и любовь к сильным ощущениям решили его выбор, и он предложил свои услуги директору полиции в качестве полисмена. Само собою разумеется, что услуги были охотно приняты, так как времена наступали довольно бурные: участились стачки и митинги безработных ("которыми, — как писала одна благомыслящая газета, — эта цветущая страна обязана коварной агитации завистливых иностранцев"), и все это открывало новое поле природным талантам мистера Гопкинса и его склонности к физическим упражнениям более или менее рискованного свойства. Увесистый "клоб" из ясеня или дуба дает, вдобавок, решительное преимущество полисмену перед любым боксером, и имя мистера Гопкинса опять стало часто мелькать в хронике газет. "Полисмен Гопкинс, известный неумеренным употреблением клоба", — писали о нем рабочие газеты. Зато другие отмечали с восторгом, что "клоб полисмена Гопкинса, как всегда, отбивал барабанную дробь на головах анархистов".

Случай пожелал, чтобы дороги знаменитого полисмена и бедного лозищанина встретились два раза. В первый раз это произошло именно у описанного фонтана. Мистер Гопкинс шел мимо, как всегда, величаво и важно, играя на ходу своим клобом, и его внимательный взгляд остановился на странной фигуре неизвестного иностранца. "Не видя, однако, законных причин для какого бы то ни было личного воздействия", — так рассказывал впоследствии Гопкинс газетным интервьюерам, — он решил только подойти поближе для внимательного осмотра. Но тут незнакомец удивил его своим непонятным поведением: "Сняв с головы свой странный головной убор (по-видимому, из бараньего меха), он согнул стан таким образом, что голова его пришлась вровень с поясом Гопкинса, и, внезапно поймав одной рукой его руку, потянулся к ней губами с неизвестною целью. Гопкинс не может сказать наверное, что незнакомец хотел укусить его за руку, но не может и отрицать этого".

Вопрос остался невыясненным, так как в это мгновение над поверхностью водоема появились внезапно головы двух водолазов. Они нырнули при появлении Гопкинса и теперь опять вынырнули в надежде, что он уже прошел. Это было уже явное нарушение правил благочиния. Полисмен тотчас же взял обоих мальчишек за шивороты, поднял их высоко над землей и стал встряхивать, точно две мокрые тряпицы. Вид у него в это время был величавый и грозный, и как раз в эту же минуту через площадь пробегал прежний торопливый репортер. Он остановился, быстро набросал, около прежней фигуры лозищанина, фигуру мистера Гопкинса с двумя дикаренками в руках и прибавил надпись:

"Полисмен Гопкинс объясняет дикарю, что купание детей в городских водоемах не согласно с законами этой страны".

Затем, сунув книжку в карман, он ринулся со всех ног к вагону канатной дороги, чтобы поспеть на пожар.

В его голове мелькал уже план целой заметки: "Известно, что наш город, величайший в мире, привлекает к себе

78

пришельцев из отдаленнейших частей света. На днях мы имели случай наблюдать, как один из этих дикарей..."

Вагон канатной дороги умчал талантливого человека вместе с этим началом, а мистер Гопкинс поставил мальчишек на мостовую, дал им по легонькому шлепку, при одобрительном смехе проходящих, и затем повернулся к незнакомцу. Очень может быть, что мистеру Гопкинсу удалось бы лучше выяснить национальность незнакомца, а также и то, "как ему нравится эта страна"... Может быть, даже Матвей в тот же вечер попал бы в объятия Дымы, который весь день бегал с Падди по городу, если бы... в то время, пока Гопкинс возился с мальчишками, лозищанин не скрылся...

По всему поведению Гопкинса он понял, что это полицейский и даже, по-видимому, не из последних. А эта мысль тотчас же привела за собой другую: Матвей вспомнил, что его паспорт остался в квартире Борка... А так как он не знал, что в этой стране даже не понимают хорошенько, что такое паспорт, то его подрало по спине. Сначала он попятился немного назад, потом еще, а потом, — как у нас говорится, — взял ноги за пояс и пошел, не оглядываясь, прочь. С тяжелой мыслью в голове, что вот он теперь, вдобавок ко всему, стал в этой стороне беспаспортным бродягой, он смешался с густой толпой на Бродвее.

XVIII

Тут еще раз лозищанина приласкала надежда. Когда он шел по людной улице, кто-то тронул его за рукав тихо и ласково. Рядом с ним стоял негр и что-то говорил ему, указывая рукою на стул, который стоял тут же, на панели. Черное, лоснящееся лицо, красные губы, сверкающие белки и вьющиеся волосы негра показались Матвею как будто знакомыми. Он даже подумал, — не один ли это из тех бездельников, которые приставали к нему на улице в первый день приезда. Но что же ему нужно теперь? А может быть, он узнал Матвея, может быть, он знает Борка и Дыму, может быть, он видел, что они ищут его по всему городу, и предлагает подождать здесь, а сам пошлет кого-нибудь за приятелями Матвея?

Действительно, сажая Матвея на стул, негр сказал что-то своему мальчишке, и тот внезапно куда-то провалился. Очевидно, побежал за Дымой или Борком. Матвей радостно сел и кивнул негру головой. Лицо черного человека теперь ему очень понравилось: глаза грустные и ласковые, губы добрые. Правда, некрасив и черен, зато приветлив и услужлив. Он тоже кивнул Матвею головой, присел у его ног и вздумал пока что почистить Матвею сапоги. Матвей сначала противился, а потом подумал, что всякие есть обычаи на свете, пожалуй, как бы негр не обиделся. И он согласился исполнить желание доброго человека, тем более, что, действительно, сапоги совсем порыжели за дорогу. Негр все так же ласково стал тереть ноги Матвея щетками, мазал сапоги ваксой, плевал, дышал и опять тер. Минут через пять сапоги Матвея стали, как зеркало. Матвей кивнул головой и опять уселся на стул поудобнее, но негр взял его за рукав и показал большим пальцем на ладонь. Матвей понял, что негр просит "на водку", сошел со стула и полез в карман.

— И стоит, — сказал он громко. — Верно, что стоит. За такую услугу не знаю, чего бы человек не отдал.

И он вынул из кармана две монеты. Негр взял лишь одну.

— Бери еще, — сказал Матвей добродушно.

Негр покачал головой. "Вот ведь какой честный народ", — подумал Матвей и опять хотел взгромоздиться на стул, но в это время какой-то господин сел раньше его, а прибежавший мальчишка принес негру кружку пива. Негр стал пить пиво, а мальчишка принялся ваксить сапоги новоприбывшего американца. Волосы у Матвея стали подыматься под шапкой.

— А Дыма, а Борк? — спросил он, обращаясь к старшему негру.

Тот повернулся, поглядел на Матвея, потом указал на его сапоги и сказал:

— Уэлл (хорошо).

— Уэлл, — вспомнил Матвей объяснение Дымы. — Это значит "очень хорошо". Что же тут хорошего?

А, проклятый! Он говорит, что хорошо вычистил мои сапоги. Ему только этого и было нужно...

"Собака ты, черная собака, — подумал он с горечью. — Человек на тебя надеялся, как на друга, как на брата... как на родного отца! Ты мне казался небесным ангелом. А вместо всего — ты только вычистил мои сапоги..."

И бедный человек пошел дальше. Сапоги его блестели, как зеркало, но на душе стало еще темнее...

XIX

Так вышел он на берег залива. Круглая площадка, на ней — небольшой садик, над головами прохожих вьется по столбам дорога, по дороге пробежал поезд, изогнулся над самым заливом и побежал дальше берегом, скрывшись за углом серого дома и кинувши на воду клуб черного дыма. Матвей сел на скамью и стал смотреть на залив. Вода колыхалась, искрилась, сверкала. Невдалеке свистнул пароход и отбежал от берега, нагруженный народом. Глаза Матвея побежали невольно за ним. Пароходик бежал прямо к острову, на котором стояла знакомая медная женщина. Мимо острова в это самое время тихо проплывал гигантский корабль, такой же, как и тот, на котором приехали лозищане. Распущенный флаг плескался по ветру и, казалось, стлался у ног медной женщины, которая держала над ним свой факел... Матвей смотрел, как европейский корабль тихо расталкивает своею грудью волны, и на глаза его просились слезы... Как недавно еще он с такого же корабля глядел до самого рассвета на эту статую, пока на ней угасли огни и лучи солнца начинали золотить ее голову... А Анна тихо спала, склонясь на свой узел...

Невдалеке от этого места стоит круглое невысокое здание,

вроде цирка. Теперь это здание уже заколочено, а прежде, еще недавно, здесь получали приют эмигранты из Европы, приезжавшие на эмигрантских пароходах. Если бы Матвей знал это, то, наверное, подошел бы поближе. А если бы подошел, то мог бы увидеть, как из ворот, веселая и нарядная, выходила его сестра Анна, об Руку с Осипом Лозинским. Осип одет, как господин, так же, как оделся Дыма, только на Осипе все уже облежалось и не торчит, как на корове седло. Они вышли и пошли берегом, направо, к пристаням, в надежде, что может быть, Матвей и Дыма приехали на том эмигрантском корабле из Германии, который только что проплыл мимо "Свободы". А в это время Матвей поднялся и пошел налево, вдоль берега, за убежавшим поездом.

Часа в четыре странного человека видели опять у моста. Только что прошел мостовой поезд, локомотив делал поворот по кругу, с лестницы сходила целая толпа приехавших с той стороны американцев, — и они обратили внимание на странного человека, который, стоя в середине этого людского потока, кричал: — Кто в бога верует, спасите!

Но, разумеется, никто его не понял. Если бы так крикнул кто теперь в большом американском городе, то, наверное, ему отозвался бы кто-нибудь из толпы, потому что в последние годы корабль за кораблем привозит множество наших: поляков, духоборов, евреев. Они расходятся отсюда по всему побережью, пробуют пахать землю в колониях, нанимаются в приказчики, работают на фабриках. Иным удается, иные богатеют, иные пристраиваются к земле, и тогда через несколько лет уже не узнаешь еврейских мальчиков, вырастающих в здоровых фермерских работников. Но многие также терпят неудачи; тогда, обедневшие и испуганные, они опять кидаются в города, цепляются за прежнюю жизнь. Кто разложит на тележке плохие ножики и замочки, кто торгует с рук разной мелочью, кто носит книжки с картинками Нью-Йорка, Ниагары, великой дороги, кто бегает на побегушках у своей братии и приезжих. Идет такой бедняга с дрянным товаром, порой со спичками, только бы прикрыть чем-нибудь свое нищенство, идет лохматый, оборванный и грязный, с потускневшими и грустными глазами, и по всему сразу узнаешь нашего еврея, только еще более несчастного на чужой стороне, где жизнь дороже, а удача встречает не всех.

Но тогда их было еще не так много, и, на несчастье Матвея, ему не встретилось ни одного, когда он стоял среди толпы и кричал, как человек, который тонет. Американцы останавливались, взглядывали с удивлением на странного человека и шли дальше... А когда опять к этому месту стал подходить полисмен, то Лозинский опять быстро пошел от него и скрылся на мосту...

За мостом он пошел все прямо по улицам Бруклина. Он ждал, что за рекой кончится этот проклятый город и начнутся поля, но ему пришлось итти часа три, пока, наконец, дома стали меньше и между ними, на больших расстояниях, потянулись деревья.

Лозинский вздохнул полной грудью и стал жадными глазами искать полей с желтыми хлебами или лугов с зеленой травой. Он рассчитал, что, по-нашему, теперь травы уже поспели для косьбы, а хлеба должны наливаться, и думал про себя:

"А! Подойду к первому, возьму косу из рук, взмахну раз-другой, так тут уже и без языка поймут, с каким человеком имеют дело... Да и народ, работающий около земли, должен быть проще, а паспорта, наверное, не спросят в деревне. Только когда, наконец, кончится этот проклятый город?.."

Теперь по бокам дороги пошли уже скромные коттеджи, в один и два этажа, на иных висели скромные вывески, как на наших лавках — по дверям и в окнах. Сады становились все чаще, дома все те же, мощеная дорога лежала прямо, точно разостланная на земле холстина, над которой с обеих сторон склонились зеленые деревья. Порой на дороге показывался вагон, как темная коробочка, мелькал в солнечных пятнах, вырастал и прокатывался мимо, и вдали появлялся другой... Порой казалось что вот-вот сейчас все это кончится, и откроется даль, с шоссейной дорогой, которая бежит по полям, с одним рядом телеграфных столбов, с одинокой почтовой тележкой и с морем спелых хлебов по сторонам, до самого горизонта. А там светлая речка, мостик, лужок — и приветливый деревенский народ на работе...

Но, вместо этого, внезапно целая куча домов опять выступала из-за зелени, и Матвей опять попадал как будто в новый город; порой даже среди скромных коттеджей опять подымались гордые дома в шесть и семь этажей, а через несколько минут опять маленькие домики и такая же дорога, как будто этот город не может кончиться, как будто он занял уже весь свет...

И все здесь было незнакомо, все не наше. Кое-где в садах стояла странная зелень, что-то вилось по тычинкам, связанным дугами, — и, приглядевшись, Матвей увидел кисти винограда...

Наконец, в стороне мелькнул меж ветвей кусок червой, как бархат, пашни. Матвей быстро кинулся туда и стал смотреть с дороги из-за деревьев...

Но то, что он здесь увидел, облило кровью его сердце. Это был кусок плоского поля, десятин в 15, огороженного не плетнем, не тыном, не жердями, а железной проволокой с колючками. На одном краю этого поля дымилась труба завода, закопченного и черного. На другом стоял локомобиль — красивая и сверкающая машина на колесах. Маховое колесо быстро вертелось, суетливо стучали поршни, белый пар вырывался тоненькой, хлопотливой и прерывистой струйкой. Тут же, мерно волнуясь, плыл в воздухе приводный канат. Проследив его глазом, Матвей увидел, что с другого конца пашни, как животное, сердито взрывая землю, ползет железная машина и грызет, и роет, и отваливает широкую борозду чернозема. Матвей перекрестился. Всякое дыхание да хвалит господа! На что же теперь может пригодиться в этой стороне деревенский человек, вот такой пахарь, как Матвей Лозинский, на что нужна умная лошадь, почтенный вол, твердая рука, верный глаз и сноровка? И что же он станет делать в этой стороне, если здесь так пашут землю?

Несколько человек следили за этой работой. Может быть, они пробовали машину, а может быть, обрабатывали поле, но только ни один не был похож на нашего пахаря. Матвей пошел от них в другую сторону, где сквозь зелень блеснула вода...

Он жадно наклонился к ней, но вода была соленая... Это уже было взморье, — два-три паруса виднелись между берегом и островом. А там, где остров кончался,— над линией воды тянулся чуть видный дымок парохода. Матвей упал на землю, на береговом откосе, на самом краю американской земли, и жадными, воспаленными, сухими глазами смотрел туда, где за морем осталась вся его жизнь. А дымок парохода тихонько таял, таял и, наконец, исчез...

Между тем, за островом село солнце. Волна за волной тихо набегала на берег, и пена их становилась белее, а волны темнели. Матвею казалось, что он спит, что это во сне плещутся эти странные волны, угасает заря, полный месяц, большой и задумчивый, повис в вечерней мгле, лиловой, прозрачной и легкой... Волны все бежали и плескались, а на их верхушках, закругленных и зыбких, играли то белая пена, то переливы глубокого синего неба, то серебристые отблески месяца, то, наконец, красные огни фонарей, которые какой-то человек, сновавший по воде в легкой лодке, "зажигал зачем-то в разных местах, над морем...

Потом, опять будто во сне, послышались голоса, крики, звонкий смех. Несколько мужчин, женщин и девушек, в странных костюмах, с обнаженными руками и ногами до колен, появились из маленьких деревянных будок, построенных на берегу, и, взявшись за руки, кинулись со смехом в волны, расплескивая воду, которая брызгала у них из-под ног тяжелыми каплями, точно расплавленное золото. Еще сильнее закачались зыбкие гребни, еще быстрее запрыгали в воде огни, перемешиваясь с цветными клочками неба и месяца, а лодки под фонарями, черные, точно из цельного угля, забились и запрыгали на верхушках...

Матвею все казалось, что он спит или грезит. Чужое небо, незнакомая красота чужой природы, чужое, непонятное веселье, чужой закат и чужое море — все это расслабляло его усталую душу...

— Господи, Иисусе, святая дева...

— Всякое дыхание... Помилуй меня грешного. Потихоньку

85

бормотание странного человека стихало. Он действительно спал, откинувшись на спину, на откосе...

XX

Проснулся он внезапно, точно кто толкнул его в бок, вскочил и, не отдавая себе отчета, куда и зачем, пошел опять по дороге. Море совсем угасло, на берегу никого не было, дорога тоже была пуста. Коттеджи спали, освещаемые месяцем сверху, спали также высокие незнакомые деревья с густою, тяжелою зеленью, спало недопаханное квадратное поле, огороженное проволокой, спала прямая дорога, белевшая и искрившаяся бледною полоской...

Послышался звон. Вагон вынырнул на свет из тени деревьев и, вздрагивая, позванивая, гудя, как ночной жук, пробежал мимо. Матвей посмотрел ему вслед. Лошадей не было, не было ни трубы, ни дыма, ни пара. Только наверху, откинувшись спереди назад, точно щупальце этого странного животного из стекла, железа и дерева, торчал железный стержень с утолщением на конце. Он как будто хватался вверху за тонкую проволоку, чуть видную в темном воздухе, и всякий раз, как ему встречался узел, на его верхушке вспыхивала яркая, синеватая искра.

Вагон уменьшался, стихал его гудящий звон, и искорки бледнели и угасали вдали, а из тени уже подходил другой, также гудя и позванивая.

Это, должно быть, был уже последний и шел почти пустой. Полусонный кондуктор, заметив одинокую фигуру на дороге, позвонил; вагон задрожал, заскрежетал на рельсах и замедлил ход. Кондуктор наклонился, взял Лозинского под локоть и посадил на скамью. Лозинский подал монету, раздался металлический звонок счетчика, и вагон опять покатился, а мимо убегали назад коттеджи, сады, переулки, улицы. Сначала все это спало или засыпало. Потом как будто пробуждалось, гремело, говорило, светилось. На небе разливалось зарево. Замелькали окна, уходя все выше и выше к небу.

— Бридж (мост), — сказал кондуктор.

Матвей вышел, сожалея, что нельзя ехать таким образом вечно. Перед ним зияло опять, точно пещера, устье Бруклинского моста. Вверху, пыхтя, опять завернулся локомотив и подхватил поезд. В левой стороне вкатывались вагоны канатной дороги, справа выбегали другие, а рядом въезжали фургоны и шли редкие пешеходы...

Дойдя до половины моста, Матвей остановился. В ушах у него шумело, в голове что-то ворочалось. Мимо бежали поезда, вагоны, коляски, мост гудел, и было страшно слушать тонкие свистки пароходов, долетавшие снизу, — так они казались далеко и глубоко, в какой-то бездне, переполненной снующими огоньками... А в небо уходили два гигантских пролета, с которых спускались канаты невиданной толщины. Целая сеть железных стержней, которые казались Матвею с корабля такой красивой паутинкой, тянулась от канатов, поддерживая мост на весу. Из-за них едва можно было разглядеть реку, сливавшуюся с заливом в одно серебристое сияние, в котором утопали и из которого виднелись опять огни пароходов. И дальше тысячи огней, как звезды, висели над водой, уходя вдаль, туда, где новые огни горели в Нью-Джерси. И среди всего этого моря огня, вдалеке, острые глаза Матвея едва различили круглую огненную диадему и факел "Свободы". Ему казалось, что он видит в синеватом свете и голову медной женщины, и поднятую руку. Но это уже светилось слабо, чуть-чуть мерцая, как недавние дни с мечтами о счастии на чужой стороне...

В черной громаде пролета, точно нора, светилось оконце мостового сторожа, и сам он, как ничтожный светляк, выполз из этой норы, с фонарем. Он тотчас же увидел на мосту иностранца, а это всегда нравится американцу. Сторож похлопал Матвея по плечу и сказал несколько одобрительных слов.

— Нельзя ли у тебя переночевать? — спросил Матвей усталым голосом.

— О уэлл! — ответил тот по-своему и стал объяснять

Матвею, что Америка больше всего остального света, — это известно. Нью-Йорк — самый большой город Америки, а этот мост — самый большой в Нью-Йорке. Из этого Матвей, если бы понимал слова сторожа, мог бы заключить, чего стоят остальные мостишки перед этим.

Потом сторож поглядел в глаза странного человека, прочел в них тоску, вместо удивления, и мысли его приняли другое направление... Конечно, если уже человеку жизнь не мила, то, пожалуй, лестно кинуться с самого большого моста в свете, но, во-первых, это трудно: не перелезешь через эту сеть проволок и канатов, а во-вторых, мост построен совсем не для того. Все это сторож объявил Матвею, а затем довольно решительно повернул его и стал провожать, подталкивая сзади... Впрочем, странный человек пошел покорно, как заведенная машина, туда, где над городом стояло зарево и, точно венец, плавало в воздухе кольцо электрических огней над зданием газетного дома...

За мостом он уже без приглашения кондуктора взобрался в вагон, на котором стояла надпись: "Central park". Спокойное сидение и ровный бег вагона манили невольно бесприютного человека, а куда ехать, ему было теперь все равно. Только бы ехать, чем дальше, тем лучше, не думая ни о чем, давая отдых усталым ногам, пока дремота налетает вместе с ровным постукиванием колес...

Ему было очень неприятно, когда постукивание вдруг прекратилось, и перед ним стал кондуктор, взявший его за рукав. Он опять вынул деньги, но кондуктор сказал: "No", — и показал рукой, что надо выйти.

Матвей вышел, а пустой вагон как-то радостно закатился по кругу. Кондуктор гасил на ходу огни, окна вагона точно зажмуривались, и скоро Матвей увидел, как он вкатился во двор станции и стал под навесом, где, покрытые тенью, отдыхали другие такие же вагоны...

Здесь было довольно тихо. Луна стала совсем маленькой, и синяя ночь была довольно темна, хотя на небе виднелись звезды, и большая, еще не застроенная площадь около центрального парка смутно белела под серебристыми лучами...

Далекие дома перемежались с пустырями и заборами, и только в одном месте какой-то гордый человек вывел дом этажей в шестнадцать, высившийся черною громадой, весь обставленный еще лесами... Эта вавилонская башня резко рисовалась на зареве от освещенного города...

До ушей Матвея донесся шум деревьев. Лес всегда тянет к себе бесприютного бродягу, а Матвей Лозинский чувствовал себя настоящим бродягой.

Поэтому он быстро, повернулся и пошел к парку. Если бы кто смотрел на него в это время с площади, то мог бы видеть, как белая одежда то теряется в тени деревьев, то мелькает опять на месячном свете.

Он шел так несколько минут и вдруг остановился. Перед ним поднималась в чаще огромная клетка из тонкой проволоки, точно колпаком покрывшая дерево. На ветвях и перекладинах сидели и тихо дремали птицы, казавшиеся какими-то серыми комками. Когда Матвей подошел поближе, большой коршун поднял голову, сверкнул глазами и лениво расправил крылья. Потом опять уселся и втянул голову между плеч.

Матвей отошел, боясь, чтобы птицы не подняли возню. Он ступал тихо и оглядывался, ища себе приюта. Вскоре перед ним забелело продолговатое здание. Половина его была темная, и Матвею показалось, что это какой-нибудь сарай, где можно свернуться и заснуть до утра. Но, подойдя, он опять увидел железную решетку, от которой отскочил в испуге. Из-за нее сверкнули на него огнем два глаза. Большой серый волк стоял над спящею волчицей и зорко следил за подозрительным человеком в белой одежде, который бродит неизвестно зачем ночью около звериного жилья.

В то же время откуда-то из тени человеческий голос сказал что-то по-английски резко и сердито. Матвею этот окрик показался хуже ворчания лесного зверя. Он вздрогнул и пугливо пошел опять к опушке. Тут он остановился и погрозил кулаком. Кому? Неизвестно, но человек без языка чувствовал, что и в нем просыпается что-то волчье...

XXI

Легкое журчание воды потянуло его дальше. Это струился в бассейн неплотно запертый фонтан. Вода сочилась кверху, будто сонная, и, то поднимаясь, то падая совсем низко, струйка звенела и плескалась. Матвей склонился к водоему и стал жадно пить. Потом он снял шапку и перекрестился, решившись лечь тут же в кустах. Издалека в тишине ночи до него донесся свисток... Ему показался он звуком из какого-то другого мира. Он сам когда-то тоже приехал на пароходе... Может быть, это еще такой же пароход из старой Европы, на котором люди приехали искать в этой Америке своего счастья, — и теперь смотрят на огромную статую с поднятой рукой, в которой чуть не под облаками светится факел... Только теперь лозишанину казалось, что он освещает вход в огромную могилу.

С сокрушением, сняв шапку и глядя в звездное небо, он стал молиться готовыми словами вечерних молитв. Небо тихо горело своими огнями в бездонной синеве и Казалось ему чужим и далеким. Он вздохнул, бережно положил около себя кусок хлеба, с которым все не расставался, и лег в кусты. Все стихло, все погасло, все заснуло на площади, около зверинца и в парке. Только плескалась струйка воды, да где-то вскрикивала в клетке ночная птица, да в кустах шевелилось что-то белое и порой человек бормотал во сне что-то печальное и сердитое, может быть, молитву, или жалобы, или проклятия.

Ночь продолжала тихий бег над землей. Поплыли в высоком небе белые облака, совсем похожие на наши. Луна закатилась за деревья: становилось свежее, и как будто светлело. От земли чувствовалась сырость... Тут с Матвеем случилось небольшое происшествие, которого он не забыл во всю свою последующую жизнь, и хотя он не мог считать себя виноватым, но все же оно камнем лежало на его совести.

Он начинал дремать, как вдруг раздвинулись кусты, и какой-то человек остановился над ним, заглядывая в его ночное убежище.

Час был серый, сумеречный. Матвей плохо видел лицо незнакомца. Впоследствии ему припоминалось, что лицо было бледно, а большие глаза смотрели страдающе и грустно...

Очевидно, это был тоже ночной бродяга, какой-нибудь несчастливец, которому, видно, не повезло в этот день, а может, не везло уже много дней и теперь не было нескольких центов, чтобы заплатить за ночлег. Может быть, это был тоже человек без языка, какой-нибудь бедняга-итальянец, один из тех, что идут сюда целыми стадами из своей благословенной страны, бедные, темные, как и наши, и с такой же тоской о покинутой родине, о родной беде, под родным небом... Один из безработных, выкинутых этим огромным потоком, который лишь ненадолго затих там, в той стороне, где высились эти каменные вавилонские башни и зарево огней тихо догорало, как будто и оно засыпало перед рассветом. Может быть, и этого человека грызла тоска; может быть, его уже не носили ноги; может быть, его сердце уже переполнилось тоской одиночества; может быть, его просто томил голод, и он рад бы был куску хлеба, которым мог бы с ним поделиться Лозинский. Может быть, и он мог бы указать лозищанину какой-нибудь выход...

Может быть... Мало ли что может быть! Может быть, эти два человека нашли бы друг в друге братьев до конца своей жизни, если бы они обменялись несколькими братскими словами в эту теплую, сумрачную, тихую и печальную ночь на чужбине...

Но человек без языка шевельнулся на земле так, как недавно шевельнулся ему навстречу волк в своей клетке. Он подумал, что это тот, чей голос он слышал недавно, такой резкий и враждебный. А если и не тот самый, то, может быть, садовый сторож, который прогонит его отсюда...

Он поднял голову с враждой на душе, и четыре человеческих глаза встретились с выражением недоверия и испуга...

— Джермен? — спросил незнакомец глухим голосом. — Френч? Тэдеско, итальяно?.. (германец? француз? итальянец?)

91

— Что тебе нужно — ответил Матвей. — Неужели и здесь не дашь человеку минутку покоя?..

Они еще обменялись несколькими фразами. Голоса обоих звучали сердито и враждебно...

Незнакомец тихо выпустил ветку, кусты сдвинулись, и он исчез.

Он исчез, и шаги его стали стихать... Матвей быстро приподнялся на локте с каким-то испугом. "Уходит, — подумал он. — А что же будет дальше..." И ему захотелось вернуть этого человека. Но потом он подумал, что вернуть нельзя, да и незачем. Все равно — не поймет ни слова.

Он слушал, как шаги стихали, потом стихли, и только деревья что-то шептали перед рассветом в сгустившейся темноте... Потом с моря надвинулась мглистая туча, и пошел тихий дождь, недолгий и теплый, покрывший весь парк шорохом капель по листьям.

Сначала этот шорох слышали два человека в Центральном парке, а потом только один...

Другого на утро ранняя заря застала висящим на одном из шептавших деревьев, со страшным, посиневшим лицом и застывшим стеклянным взглядом.

Это был тот, что подходил к кустам, заглядывая на лежавшего лозищанина. Человек без языка увидел его первый, поднявшись с земли от холода, от сырости, от тоски, которая гнала его с места. Он остановился перед Ним, как вкопанный, невольно перекрестился и быстро побежал по дорожке, с лицом, бледным, как полотно, с испуганными сумасшедшими глазами... Может быть, ему было жалко, а может быть, также он боялся попасть в свидетели... Что он скажет, он, человек без языка, без паспорта, судьям этой проклятой стороны?..

В это время его увидал сторож, который, зевая, потягивался под своим навесом. Он подивился на странную одежду огромного человека, вспомнил, что как будто видел его ночью около волчьей клетки, и потом с удивлением рассматривал огромные следы огромных сапог лозищанина на сырой песчаной дорожке...

XXII

В это утро безработные города Нью-Йорка решили устроить митинг. Час был назначен ранний, так, чтобы шествие обратило внимание всех, кто сам спешит на работу в конторы, на фабрики и в мастерские.

О предстоящем митинге уже за неделю писали в газетах, сообщая его программу и имена ораторов. Предвидели, что толпа может "выйти из порядка", интервьюировали директора полиции и вожаков рабочего движения. Газеты биржевиков и Тамани-холла громили "агитаторов", утверждали, что только иностранцы да еще лентяи и пьяницы остаются без работы в этой свободной стране. Рабочие газеты возражали, но тоже призывали к достоинству, порядку и уважению к законам. "Не давайте противникам повода обвинять вас в некультурности", — писали известные вожаки рабочего движения.

Газета "Sun", одна из наиболее распространенных, обещала самое подробное описание митинга в нескольких его фазах, для чего каждые полчаса должно было появляться специальное прибавление. Один из репортеров был поэтому командирован ранним утром, чтобы дать заметку: "Центральный парк перед началом митинга".

Ему очень повезло. Прежде всего, обегая все закоулки парка, он наткнулся на Матвея и тотчас же нацелился на него своим фотографическим аппаратом. И хотя Матвей быстро от него удалился, но он успел сделать моментальный снимок, к которому намеревался прибавить подпись; "Первый из безработных, явившийся на митинг".

Он представлял себе, как подхватят эту фигуру газеты, враждебные рабочему движению: "Первым явился какой-то дикарь в фантастическом костюме. Наша страна существует не для таких субъектов..."

Затем зоркий глаз репортера заметил в чаще висящее тело. Надо отдать справедливость этому газетному джентльмену: первой его мыслью было, что, может быть, несчастный еще жив. Поэтому, подбежав к трупу, он вынул из кармана свой ножик, чтобы обрезать веревку. Но, пощупав совершенно охладевшую руку, спокойно отошел на несколько шагов и, выбрав точку, набросал снимок в альбом... Это должно было тоже произвести впечатление, — хотя уже с другой стороны. Это подхватят рабочие газеты... "Человек, который явился на митинг еще ранее... Еще одна жертва нужды в богатейшей стране мира..." Во всяком случае, заметка вызовет общую сенсацию, и редакция будет довольна.

Действительно, и заметка, и изображение мертвого тела появились в газете ранее, чем о происшествии стало известно полиции. По странной оплошности ("что, впрочем, может случиться даже с отличной полицией", — писали впоследствии в некоторых газетах) — толпа уже стала собираться и тоже заметила тело, а полиция все еще не знала о происшествии...

Матвей Лозинский, ничего, конечно, не читавший о митинге, увидел, что к парку с разных сторон стекается народ. По площади, из улиц и переулков шли кучами какие-то люди в пиджаках, правда, довольно потертых, в сюртуках, правда, довольно засаленных, в шляпах, правда, довольно измятых, в крахмальных, правда, довольно грязных рубахах. Общий вид этой толпы, изможденные, порой бородатые лица производили на Лозинского успокоительное впечатление. Он чувствовал что-то как будто родственное и симпатичное. Все они собирались к фонтану, затем узнали о самоубийстве и, как муравьи, толпились около этого места, сумрачные, озлобленные, печальные.

Лозинский теперь смелее вышел на площадку, около которой расположилась группа черномазых и густоволосых людей, еще более оборванных, чем остальные. Глаза у них были, как сливы, лица смуглые, порой остроконечные шляпы с широкими полями, а язык звучал, как музыка — мягко и мелодично. Это были итальянцы. Они напомнили Матвею словаков, заходивших в Лозищи из Карпат, и он доверчиво попытался заговорить с ними. Но и тут его никто не понял. Итальянцы лениво поворачивали к нему головы; один подошел, пощупал его белую свиту и с удивлением щелкнул языком. Потом он с удовольствием ощупал мускулы его рук и сказал что-то товарищам, которые выразили свое одобрение шумными криками... Но больше ничего от них Матвей не добился... Он заметил только, что глаза у них сверкают, как огонь, а у иных, под куртками у поясов, висят небольшие ножи.

Вскоре толпа залила уже всю площадку. Над ней стояла тонкая пыль, залегавшая, как туман, между зеленью, и сплошной гул голосов носился над людскими головами.

Около дерева, где висел человек, началось движение. Суровые и важные, туда прошли полисмены в своих серых шляпах. Над ними смеялись, их закидали враждебными криками и остротами, показывая номер газеты, но они не обращали на это внимания. Только около самого дерева произошло какое-то замешательство, — серые каски как-то странно толкались между черными, рыжими и пестрыми шляпенками, потом подымались кверху и опускались деревянные палки и что-то суетливо топталось и шарахалось. Потом мертвое тело колыхнулось, голова мертвеца вдруг выступила из тени в светлое пятно, потом поникла, а тело, будто произвольно, тихо опустилось вровень с толпой.

Матвей снял шапку и перекрестился. А в это время, с другой стороны, с площадки, послышались вдруг звуки музыки. Повернув туда голову, лозищанин увидел, что из переулка, на той стороне площади, около большой постройки, выкатился клуб золотистой пыли и покатился к парку. Точно гнали стадо или шло большое войско. А из облака неслись звуки музыки, то стихая, — и тогда слышался как будто один только гулкий топот тысячи ног, — то вдруг вылетая вперед визгом кларнетов и медных труб, стуком барабанов и звоном литавров. Впереди бежали двумя рядами уличные мальчишки, и высокий тамбур-мажор шагал, отмахивая такт большим жезлом. За ним двигались музыканты, с раздутыми и красными щеками, в касках с перьями, в цветных мундирах, с огромными эполетами на плечах, расшитые и изукрашенные до такой степени, что, кажется, не оставалось на них ни клочка, чем-нибудь не расцвеченного, не завешанного каким-нибудь галуном или позументом.

Матвей думал, что далее он увидит отряд войска. Но, когда

пыль стала ближе и прозрачнее, он увидел, что за музыкой идут — сначала рядами, а потом, как попало, в беспорядке — все такие же пиджаки, такие же мятые шляпы, такие же пыльные и полинялые фигуры. А впереди всей этой пестрой толпы, высоко над ее головами, плывет и колышется знамя, укрепленное на высокой платформе на колесах. Кругом знамени, точно стража, с десяток людей двигались вместе с толпой...

Гремя, стуча, колыхаясь, под яркие звуки марша, под неистовые крики и свист ожидавшего народа, знамя подошло к фонтану и стало. Складки его колыхнулись и упали, только ленты шевелились по ветру, да порой полотнище плескалось, и на нем струились золотые буквы...

Тогда в толпе поднялся настоящий шабаш. Одни звали новоприбывших к дереву, где недавно висел самоубийца, другие хотели остаться на заранее назначенном месте. Знамя опять колыхнулось, платформа поплыла за толпой, но скоро вернулась назад, отраженная плотно сомкнувшимся у дерева отрядом полиции.

Когда пыль, поднятую этой толкотней, пронесло дальше, к площади, знамя опять стояло неподвижно, а под знаменем встал человек с открытой головой, длинными, откинутыми назад волосами и черными сверкающими глазами южанина. Он был невелик ростом, но возвышался над всею толпой, на своей платформе, и у него был удивительный голос, сразу покрывший говор толпы. Это был мистер Чарльз Гомперс, знаменитый оратор рабочего союза.

Толпа вся стихла, когда, протянув руку к дереву, где еще недавно висел самоубийца, он сказал негромко, но с какой-то особенной торжественной внятностью:

— Прежде всего, отдадим почет одному из наших товарищей, который еще этой ночью изнемог в трудной борьбе.

Над многотысячной толпой точно пронесся ветер, и бесчисленные шляпы внезапно замелькали в воздухе. Головы обнажились. Складки знамени рванулись и заплескались среди

96

гробовой тишины печально и глухо. Потом Гомперс начал опять свою речь.

В груди у Матвея что-то дрогнуло. Он понял, что этот человек говорит о нем, о том, кто ходил этой ночью по парку, несчастный и бесприютный, как и он, Лозинский, как и все эти люди с истомленными лицами. О том, кого, как и их всех, выкинул сюда этот безжалостный город, о том, кто недавно спрашивал у него о чем-то глухим голосом... О том, кто бродил здесь со своей глубокой тоской и кого теперь уже нет на этом свете.

Было слышно, как ветер тихо шелестит листьями, было слышно, как порой тряхнется и глухо ударит по ветру своими складками огромное полотнище знамени... А речь человека, стоявшего выше всех с обнаженной головой, продолжалась, плавная, задушевная и печальная...

Потом он повернулся и протянул руку к городу, гневно и угрожающе.

И в толпе будто стукнуло что-то разом во все сердца, — произошло внезапное движение. Все глаза повернулись туда же, а итальянцы приподнимались на цыпочках, сжимая свои грязные, загорелые кулаки, вытягивая свои жилистые руки.

А город, объятый тонкою мглою собственных испарений, стоял спокойно, будто тихо дыша и продолжая жить своею обычною, ничем невозмутимою жизнью. По площади тянулись и грохотали вагоны, пыхтел где-то в туннеле быстрый поезд... Ветер нес над площадью пыльное облако. Облако это, точно лента, пронизанная солнцем, повисло в половине огромного недостроенного дома, напоминавшего вавилонскую башню. Вверху среди лесов и настилок копошились, как муравьи, занятые постройкой рабочие, а снизу то и дело подымались огромные тяжести... Подымались, исчезали в облаке пыли и опять плыли сверху, между тем как внизу гигантские краны бесшумно ворочались на своих основаниях, подхватывая все новые платформы с глыбами кирпичей и гранита... И на все это светило яркое солнце веселого ясного дня

В груди лозищанина подымалось что-то незнакомое, неиспытанное, сильное. В первый еще раз на американской земле он стоял в толпе людей, чувство которых ему было понятно, было в то же время и его собственным чувством. Это нравилось ему, это его как-то странно щекотало, это его подмывало на что-то. Ему захотелось еще большего, ему захотелось, чтобы и его увидели, чтобы узнали и его историю, чтобы эти люди поняли, что и он их понимает, чтобы они оказали ему участие, которое он чувствует теперь к ним. Ему хотелось еще чего-то необычного, опьяняющего, ему казалось, что сейчас будет что-то, от чего станет лучше всем, и ему, лозищанину, затерявшемуся, точно иголка, на чужой стороне. Он не знал, куда он хочет итти, что он хочет делать, он забыл, что у него нет языка и паспорта, что он бродяга в этой стране. Он все забыл и, ожидая чего-то, проталкивался вперед, опьяненный после одиночества сознанием своего единения с этой огромной массой в каком-то общем чувстве, которое билось и трепетало здесь, как море в крутых берегах. Он как-то кротко улыбнулся, говорил что-то тихо, но быстро, и все проталкивался вперед, туда, где под знаменем стоял человек, так хорошо понимавший все чувства, так умело колыхавший их своим глубоким, проникавшим голосом...

XXIII

Совершенно неизвестно, что сделал бы Матвей Лозинский, если бы ему удалось подойти к самой платформе, и чем бы он выразил оратору, мистеру Гомперсу, волновавшие его чувства. В той местности, откуда он был родом, люди, носящие сермяжные свиты, имеют обыкновение выражать свою любовь и уважение к людям в сюртуках посредством низких, почти до земли, поклонов и целования руки. Очень может быть, что мистер Гомперс получил бы это проявление удивления к своему ораторскому искусству, если бы роковой случай не устроил это дело иначе, а именно так, что ранее мистера Гомперса, председателя рабочих ассоциаций и искусного оратора, на пути лозищанина оказался мистер Гопкинс, бывший боксер и полисмен. Мистер Гопкинс, наряду с другими людьми в серых касках и с клобами в руках, стоял неподвижно, как статуя, и, разумеется, не был тронут красноречием мистера Гомперса. Нью-йоркская полиция отлично знала этого популярного джентльмена и действие его красноречия оценивала со своей точки зрения. Она знала, что мистер Гомперс человек очень искусный и никогда в своих речах не "выйдет из порядка". Но зато — таково было обычное действие его слова — слушатели выходили из порядка слишком часто. Безработные всегда склонны к этому в особенности, а сегодня, вдобавок, от этого проклятого дерева, на котором полиция прозевала повесившегося беднягу и позволила ему висеть "вне всякого порядка" слишком долго, на толпу веяло чем-то особенным. Между тем, давно уже не бывало митинга такого многолюдного, и каждому полисмену, в случае свалки, приходилось бы иметь дело одному на сто.

В таких случаях полиция держится крепко настороже, следя особенно за иностранцами. Пока все в порядке, — а в порядке все, пока дело ограничивается словами, хотя бы и самыми страшными, и жестами, хотя бы очень драматическими, — до тех пор полисмены стоят в своих серых шляпах, позволяя себе порой даже знаки одобрения в особенно удачных местах речи. Но лишь только в какой-нибудь части толпы явится стремление перейти к делу и "выйти из порядка" — полиция тотчас же занимает выгодную позицию нападающей стороны. И клобы пускаются в ход быстро, решительно, с ошеломляющей неожиданностью. И толпа порой тысяч в двадцать отступает перед сотнею-другою палок, причем задние бегут, закрывая, на всякий случай, головы руками...

Матвей Лозинский, разумеется, не знал еще, к своему несчастью, местных обычаев. Он только шел вперед, с раскрытым сердцем, с какими-то словами на устах, с надеждой в душе. И когда к нему внезапно повернулся высокий господин в серой шляпе, когда он увидел, что это опять вчерашний полицейский, он излил на него все то чувство, которое его теперь переполняло: чувство огорчения и обиды, беспомощности и надежды на чью-то помощь. Одним словом, он наклонился и хотел поймать руку мистера Гопкинса своими губами.

Мистер Гопкинс отскочил шаг назад и — клоб свистнул в воздухе... В толпе резко прозвучал первый удар...

Лозищанин внезапно поднялся, как разъяренный медведь... По лицу его текла кровь, шапка свалилась, глаза стали дикие. Он был страшнее, чем в тот раз в комнате Борка. Только теперь не было уже человеческой силы, которая была бы в состоянии сдержать его. Неожиданное оскорбление и боль переполнили чашу терпения в душе большого, сильного и кроткого человека. В этом ударе для него вдруг сосредоточилось все то, что он пережил, перечувствовал, перестрадал за это время, вся ненависть и гнев бродяги, которого, наконец, затравили, как дикого зверя.

Неизвестно, знал ли мистер Гопкинс индейский удар, как Падди, во всяком случае и он не успел применить его во-время. Перед ним поднялось что-то огромное и дикое, поднялось, навалилось — и полисмен Гопкинс упал на землю, среди толпы, которая вся уже волновалась и кипела... За Гопкинсом последовал его ближайший товарищ, а через несколько секунд огромный человек, в невиданной одежде, лохматый и свирепый, один опрокинул ближайшую цепь полицейских города Нью-Йорка... За ним с громкими криками и горящими глазами первые кинулись итальянцы. Американцы оставались около знамени, где мистер Гомперс напрасно надрывал грудь призывами к порядку, указывая в то же время на одну из надписей:

"Порядок, достоинство, дисциплина!"

Через минуту вся полиция была смята, и толпа кинулась на площадь...

Была одна минута, когда, казалось, город дрогнул под влиянием того, что происходило около Central park... Уезжавшие вагоны заторопились, встречные остановились в нерешимости, перестали вертеться краны, и люди на постройке перестали ползать взад и вперед... Рабочие смотрели с любопытством и сочувствием на толпу, опрокинувшую полицию и готовую ринуться через площадь на ближайшие здания и улицы.

Но это была только минута. Площадь была во власти толпы, но толпа совершенно не знала, что ей делать с этой площадью. Между тем, большинство осталось около знамени и понемногу голова толпы, которая, точно змея, потянулась было по направлению к городу, опять притянулась к туловищу. Затем, после короткого размышления, вожаки решили, что митинг сорван, и, составив наскоро резолюцию, протестующую против действий полиции, они двинулись обратно. Впереди, как ни в чем не бывало, опять выстроился наемный оркестр, и облако пыли опять покатилось вместе с музыкой через площадь. А за ним сомкнутым строем шли оправившиеся полицейские, ободрительно помахивая клобами и поощряя отставших.

Через полчаса парк опустел; подъемные краны опять двигались на своих основаниях, рабочие опять сновали чуть не под облаками на постройке, опять мерно прокатывались вагоны, и проезжавшие в них люди только из газет узнали о том, что было полчаса назад на этом месте. Только сторожа ходили около фонтана, качая головами и ругаясь за помятые газоны...

XXIV

Несколько дней газеты города Нью-Йорка, благодаря лозищанину Матвею, работали очень бойко. В его честь типографские машины сделали сотни тысяч лишних оборотов, сотни репортеров сновали за известиями о нем по всему городу, а на площадках, перед огромными зданиями газет "World", "Tribune", "Sun", "Herald", толпились лишние сотни газетных мальчишек. На одном из этих зданий Дыма, все еще

101

рыскавший по городу в надежде встретиться с товарищем, увидел экран, на котором висело объявление:

ДИКАРЬ В НЬЮ-ЙОРКЕ

Происшествие на митинге безработных.
Кафр, патагонец или славянин?
Сильнее полисмена Гопкинса.

УГРОЗА ЦИВИЛИЗАЦИИ

Оскорбление законов этой страны!

МЫ ДАДИМ ПОРТРЕТ ДИКАРЯ, УБИВШЕГО ПОЛИСМЕНА ГОПКИНСА.

Через час листы уже летели в толпу мальчишек, которые тотчас же ринулись во все стороны. Они шныряли под ногами лошадей, вскакивали на ходу в вагоны электрической дороги, через полчаса были уже на конце подземной дороги и в предместьях Бруклина, — и всюду раздавались их звонкие крики:

"Дикарь в Нью-Йорке!.. Портрет дикаря на митинге безработных!.. Оскорбление законов этой страны!"

Газетный джентльмен, нарисовавший вчера фантастическое изображение дикаря, купающего свою семью в городском водоеме, не подозревал, что его рисунок получит столь скорое применение. Теперь это талантливое произведение красовалось в сотнях тысяч экземпляров, и серьезные американцы, возвращавшиеся из своих контор, развертывали на ходу газету именно в том месте, где находилась фигура дикаря, "дважды нарушившего законы этой страны". А так как очень трудно воздержаться от невольных сопоставлений, то газета, пока не выяснятся окончательно мотивы загадочного преступления этого загадочного человека, предлагала свое объяснение, не настаивая, впрочем, на полной его достоверности. "Вчера бедный Гопкинс разъяснил дикарю

102

всю неуместность купания детей в городских водоемах. Известно, что дикари мелочны и мстительны. Кто знает, быть может, Гопкинс пал невинною жертвой ревностного исполнения своего долга на Бродвее".

В другой газете, более серьезной, дано было изложение события по свежим следам. Заметка носила название: Митинг безработных:

"Спешим дать нашим читателям точное изложение событий в Центральном парке. Как уже известно, митинг безработных был назначен утром, и уже чуть не с рассвета площадка и окружающая местность стали наполняться людьми в количестве, которое привело в некоторое замешательство полицейские резервы. В числе последних оказался известный Гопкинс, бывший боксер, лицо, достаточно популярное в этом городе.

К несчастью, случай, один из тех, которые, конечно, могут встретиться во всяком городе этого штата, во всяком штате этой страны, во всякой стране этого мира (где всегда будет богатство и бедность, что бы ни говорили опасные утописты), — такой случай внес особенное возбуждение в настроение этой толпы. Неподалеку от фонтана, по соседству с местом митинга, в эту ночь повесился какой-то бедняк, имя, род занятий, даже национальность которого остаются пока неизвестны. Как бы то ни было, полиция проявила несомненную оплошность. Один из репортеров успел срисовать даже изображение самоубийцы прежде, чем полиция узнала о факте. Вынимать тело из петли пришлось уже в то время, когда в парке было много людей, судьба которых вследствие случайных, но тем не менее прискорбных причин очень грустно иллюстрировалась видом и судьбой этого бедняги. Первая попытка полиции снять тело оказалась неудачна вследствие сопротивления, оказанного сильно возбужденной толпой. Но затем, когда силы полиции увеличились, это было, наконец, сделано, хотя, нужно признаться, не без содействия клобов, которые, как мы это указывали многократно, полиция наша пускает в ход нередко и при обстоятельствах, пожалуй, менее оправдывающих употребление этого орудия в цивилизованной стране.

В назначенное время прибыл на место известный рабочий агитатор мистер Гомперс, в сопровождении хора музыки и со знаменем, на котором была надпись:

Работы!
Терпение народа истощено.
Соединяйтесь!
Петиция новому мэру!

Беспристрастие требует прибавить, что, кроме этих, была еще надпись следующего содержания: "Достоинство, порядок, дисциплина!"

За этой заметкой следовала в газете другая, имевшая опять три заглавия:

"Чарли Гомперс был горек".
"Он громил богатство и роскошь".
"Порицал порядки этой страны, а этот город называл вавилонской блудницей".

"Чарли Гомперс, ораторскому таланту которого нельзя не отдать должной дани удивления, прекрасно использовал данное положение. Едва прибыв на место, в сопровождении прекрасного хора м-ра Ивэнса (Second avenue, No 300), и, узнав об утреннем происшествий, он начал свою речь блестящей импровизацией, в которой в самых мрачных красках изобразил положение лишенных работы и судьбу, ожидающую, быть может, в близком будущем многих из этих несчастливцев. Вслед за этим он воспользовался контрастами, которые на всяком шагу развертывает этот город, как известно, самый большой и самый богатый в мире. Эта речь Чарли Гомперса, имевшая целью пригласить безработных к петиции на имя городского мэра, а также пропагандировавшая идею рабочих ассоциаций, вызвала, по-видимому, самые дурные страсти. Правда, англичане и американцы (которых, впрочем, было очень немного), даже большинство ирландцев и немцы остались в порядке. Но наименее цивилизованные элементы

104

толпы в лице итальянцев, отчасти русских евреев и в особенности какого-то дикого человека неизвестной нации — вспыхнули при этом, как порох от спички".

"МНЕНИЕ О ПРОИСШЕСТВИИ СЕНАТОРА РОБИНЗОНА".

"Мистер Робинзон, любезно принявший у себя нашего репортера, находит, что в этом происшествии с особенной яркостью выразилась сила законного порядка этой страны. "Сэр, — сказал мистер Робинзон нашему репортеру, — что вы видите в данном случае? Мятежники, побуждаемые опасными демагогами, опрокинули полицию. Преграда между ними и цивилизацией в лице бравого Гопкинса и его товарищей рушилась. И что же, — мятежники не находят ничего лучшего, как вернуться самопроизвольно к порядку. Я позволил бы себе, однако, предложить мистеру Гомперсу и в его лице всем подобным ему агитаторам один вопрос, который, надеюсь, поставил бы их в немалое затруднение: зачем вы, сэр, возбуждаете страсти и подстрекаете толпу на дело, самый успех которого не можете ни в каком случае обратить в свою пользу?"

"В следующем номере, — прибавляла редакция, — мы надеемся дать читателям ответ мистера Гомперса на уничтожающий вопрос почтенного сенатора".

На утро газета исполнила свое обещание. Она дала, во-первых, портрет мистера Гомперса, а затем подробное изложение беседы его с репортером. При этом мистер Гомперс в изображении репортера рисовался столь же благожелательными красками, как и сенатор Робинзон. "Мистер Гомперс в личной жизни — человек привлекательный и симпатичный, его обращение с репортером было необыкновенно приветливо и любезно, но его отзывы о деле — очень горячи и энергичны. Мистер Гомперс винит во всем несдержанность полиции этого города. Сам он был "в порядке". Правда, как это совершенно справедливо было отмечено нашим репортером, он "был горек" в своей речи. Он этого не отрицает. Но с каких же это пор для американца в этой стране считается обязательным произносить только сладкие речи?! Кому не нравится сравнение этого города с блудницей, тот не должен слушать по воскресеньям проповеди, хотя бы, например, достопочтенного реверенд-Джонса, так как это его любимое сравнение. И, однако, никто не обвиняет за это священников в возбуждении дурных страстей или в оскорблении страны. Надо думать, что Тамани-ринг, которого, как известно, м-р Робинзон является деятельным членом, еще не в силах ограничить в этой стране свободу слова, завещанную великими творцами ее конституции! (Здесь репортер выражает сожаление, что он не в силах передать ни великолепного жеста, ни возвышенного пафоса, с каким мистер Гомперс произнес последнюю фразу. Он констатирует, однако, что они сделали бы честь первым ораторам страны). Мистер Гомперс очень сожалеет о том, что случилось, но пострадавшими в этом деле считает себя и своих друзей, так как митинг оказался сорванным и право собраний грубо нарушено в их лице. Как началась свалка, он не видел. Он далек также от мысли заподозревать добросовестность талантливого джентльмена, давшего изображение дикаря. Однако и наружность, и костюм этого дикаря кажутся ему достаточно маскарадными, чтобы быть изобретением полиции. Что касается до обращенного к нему вопроса, то удовлетворить любопытство достопочтенного сенатора гораздо легче, чем осветить некоторые проделки Тамани-ринга. Как уже ясно из предыдущего, он не подстрекал никого к нападению на полицию так же, как не подстрекал полицейских к слишком усердному употреблению клобов. Но он убежден, что великий вопрос о богатстве и бедности должен быть решен на почве свободы слова и союзов. Что же касается до плодов агитации, то они видны уже и теперь. Два года назад ассоциация рабочих, в которой он имеет честь быть председателем, считала ровно вдвое меньшее число членов, чем имеет в настоящее время. Таковы плоды непосредственные. Что же касается дальнейших, то мистер Робинзон, сенатор и крупный фабрикант, может сказать кое-что по этому поводу, так как на его собственной фабрике с прошлого года рабочие часы сокращены без сокращения платы. "И мы с гордостью

106

предвидим, — прибавил м-р Гомперс с неподражаемой иронией, — тот день, когда м-ру Робинзону придется еще поднять плату без увеличения рабочего дня..." Наконец мистер Гомперс сообщил, что он намерен начать процесс перед судьей штата о нарушении неприкосновенности собраний. "Как известно, — сказал он, — ученым этой страны до сих пор не удалось выяснить вопроса о национальности загадочного дикаря". М-р Гомперс не теряет, однако, надежды, что суду это удастся и что директору полиции (которому он отказывает, впрочем, в должном уважении) уже и теперь известно кое-что по этому поводу".

"Одним словом, — так заканчивалась заметка, — если оставить в стороне некоторые щекотливые вопросы, вызывающие (быть может, и справедливое) осуждение, м-р Гомперс оказался не только превосходным оратором и тонким политиком, но и очень приятным собеседником, которому нельзя отказать в искреннем пафосе и возвышенном образе мыслей. Сам мистер Гомперс убежден, что он и его единомышленники оказывают истинную услугу стране, внося организацию, порядок, сознательность и надежду в среду, бедствие, отчаяние и справедливое негодование которой легко могли бы сделать ее добычей анархии..."

Несколько дней еще происшествие в Центральном парке не сходило со столбцов нью-йоркских газет. Репортеры обегали весь город, и в редакции являлись разные лица, видевшие в разных местах странных людей, навлекавших подозрение в тожественности с загадочным дикарем. Дикарей в Нью-Йорке оказалось достаточно. Исходя из первого изображения, некоторые более или менее ученые джентльмены высказывали свое мнение о его национальности. Отзывы были весьма различны, но по мере того, как сведения становились многочисленнее и точнее, заключения ученых джентльменов начинали вращаться в круге все более ограниченном. Первый приблизился к истине некто мистер Аткинсон, взявший исходным пунктом "разрушительные тенденции незнакомца и его беспредельную ненависть к цивилизации и культуре". Судя по этим признакам, он причислял его к славянскому племени...

К сожалению, пустившись в дальнейшие гипотезы, мистер Аткинсон отнес к славянскому племени также "кавказских черкесов и самоедов, живущих в глубинах снежной Сибири".

Круг около загадочной личности смыкался все более. В заметках, становившихся все более краткими, но зато и более точными, появлялись все новые места и лица, так или иначе прикосновенные к личности "дикаря". Негр Сам, чистильщик сапог в Бродвее, мостовой сторож, подозревавший незнакомца в каком-нибудь покушении на целость бруклинского моста, кондуктор вагона, в котором Матвей прибыл вечером к Central park, другой кондуктор, который подвергал свою жизнь опасности, оставаясь с глазу на глаз с дикарем в электрическом вагоне, в пустынных предместьях Бруклина, наконец, старая барыня, с буклями на висках, к которой таинственный дикарь огромного роста и ужасающего вида позвонился однажды с неизвестными, но, очевидно, недобрыми целями, когда она была одна в своем доме... К счастью, престарелая леди успела захлопнуть свою дверь как раз вовремя для спасения своей жизни.

XXV

О другой старой барыне, из дома No 1235, в газетах не упоминалось. Не упоминалось также и об Анне, которая вздыхала порой при воспоминании о пропавшем без вести Матвее. Человек канул, точно в воду, а сама она попала, как лодка, в тихую заводь. Каждый день, когда муж и жильцы старой барыни уходили, она, точно невидимая фея, являлась в оставленные комнаты, убирала постели, подметала полы, а раз в неделю перетирала стекла и чистила газовые рожки. Каждый день выносила сор на улицу в корзину, откуда его убирали городские мусорщики, и готовила обед для господ и для двух джентльменов, обедавших с ними. Два раза в месяц она ходила в церковь вместе с барыней... Вообще все для нее в этом уголке было так, как на родине. Все было, как на родине, в такой степени, что девушке становилось до боли грустно: зачем же она ехала сюда, зачем мечтала, надеялась и ждала, зачем встретилась с этим высоким человеком, задумчивым и странным, который говорил: "Моя доля будет и твоя доля, малютка". Молодой Джон и Дыма не являлись. Жизнь ее истекала скучными днями, как две капли воды похожими друг на друга... Она нашла здесь родину, ту самую, о которой так вздыхал Лозинский, — и не раз она горько плакала об этом по ночам в своей кухонке, в подвальном этаже, низком и тесном... И не раз ей хотелось вернуться к той минуте, когда она послушалась Матвея, вместо того, чтобы послушать молодую еврейку... Вернуться и начать жить здесь по-иному, искать иной доли, может быть, дурной, да иной...

Однажды почтальон, к ее великому удивлению, подал ей письмо. На конверте совершенно точно стоял ее адрес, написанный по-английски, а наверху печатный штемпель: "Соединенное общество лиц, занятых домашними услугами". Не понимая по-английски, она обратилась к старой барыне с просьбой прочесть письмо. Барыня подозрительно посмотрела на нее и сказала:

— Поздравляю! Ты уже заводишь шашни с этими бунтовщиками!

— Я ничего не знаю, — ответила Анна.

В письме был только печатный бланк с приглашением поступить в члены общества. Сообщался адрес и размер членского взноса. Цифра этого взноса поразила Анну, когда барыня иронически перевела приглашение... Однако девушка спрятала письмо и порой вынимала его по вечерам и смотрела с задумчивым удивлением: кто же это мог заметить ее в этой стране и так правильно написать на конверте ее имя и фамилию?

Это было вскоре после ее поступления на службу. А еще через несколько дней старая барыня с суровым видом сообщила ей новость:

— Хорошие дела, нечего сказать, наделал этот твой...

Матвей, что ли! — сказала она. — Вот и верь после этого наружности. Казался таким почтительным и смирным.

— Что такое? — спросила Анна с тревогой.

— Убил полицейского, ни более, ни менее.

— Не может быть! — вскрикнула девушка невольно. Старая барыня показала ей кучку газет, которые принес ей муж, когда уже личность Матвея стала выясняться. В фантастическом изображении трудно было признать добродушную фигуру лозищанина, хотя все же сохранились некоторые черты и оклад бороды. Затем в следующих номерах был приведен портрет Дымы, на этот раз в свите и бараньей шапке, как соотечественника исчезнувшей знаменитости. Старая барыня, надев очки, целый день читала газеты, сообщая от времени до времени вычитанные сведения и Анне. Сама она была искренно удивлена, узнав, что Матвей попал на митинг и оказался предводителем банды итальянцев, опрокинувших полицию и побуждавших толпу безработных ограбить ближайшие магазины.

— А ведь каким казался почтительным и тихим, — сказала барыня в раздумьи, вспоминая покорную фигуру Матвея, его кроткие глаза и убежденное поддакивание на все ее мнения. — Да, да! Верь после этого наружности.

Она подозрительно покосилась даже на Анну, готовая видеть в ней сообщницу страшного человека, но открытый взгляд девушки рассеял ее опасение.

— Он очень вспыльчив, — сказала Анна грустно, вспоминая страшную минуту во время столкновения с Падди. — И... и... знаете что... Как это там написано: потянулся губами к руке... Ведь это он... прошу вас... хотел, верно, поцеловать у него руку...

— Хотел поцеловать?.. и убил?.. Что-то все это странно, — сказала барыня. — Во всяком случае, если его поймают, то непременно повесят... Видишь, до чего здесь доводят эти... общества разные... Я бы этих Гомперсов!.. Смотри, вот они и тебя хотят завлечь в свои сети...

Анна видела, что барыня говорит совершенно искренно, а происшествие с. Матвеем придавало ее словам еще большее значение. Однако, когда, в отсутствии барыни, опять пришло

110

письмо на ее имя с тем же штемпелем, она обратилась за прочтением не к ней, а к одному из жильцов. Это был человек молчаливый и суровый, не участвовавший в карточных вечерах у хозяев и не сказавший никогда с Анной лишнего слова. Он все сидел в своей комнате, целые дни писал что-то и делал какие-то выкладки. В доме говорили, что он "считает себя изобретателем". Почему-то Анна питала к суровому человеку безотчетное доверие и уважение.

Он взял из ее рук письмо и добросовестно перевел слово в слово. Содержание письма очень удивило Анну: в нем писали, что комитету общества стало известно, что мисс Анна служит на таких условиях, которые, во-первых, унизительны для человеческого достоинства своей неопределенностью, а во-вторых, понижают общий уровень вознаграждения. 10 долларов в месяц и один свободный день в неделю — это минимальные требования, принятые в одном из собраний "соединенного общества лиц, занятых домашними услугами". Ввиду этого ей опять предлагают поступить в члены общества и предъявить повышенные требования своей хозяйке, иначе ее сотоварищи вынуждены будут считать ее "врагом своего класса".

Анна выслушала с испугом это странное обращение.

— Что же мне будет? — спросила она, глядя на чтеца совсем округлившимися глазами и не понимая хорошенько, кто это пишет и по какому праву.

— Ну, я в эти дела не мешаюсь, — ответил сурово молчаливый жилец и опять повернулся к своим бумагам. Но между глазами и бумагой ему почудилось испуганное лицо миловидной девушки, растерявшейся и беспомощной, и он опять с неудовольствием повернулся, подымая привычным движением свои очки на лоб.

— Ты еще здесь? — сказал он, глядя в упор на Анну своими близорукими глазами, устремленными как бы в пространство или видевшими что-то за ней. — Странно: твое лицо мне мешает... Ты спрашивала мое мнение?.. Ну, так вот: по моему мнению, все это глупости! Когда-то и я верил в эти бирюльки и увлекался, пока не понял, что только наука способна изменить все человеческие отношения. Понимаешь: наука! Вопрос решается не на улице, а в кабинете ученого... Вот здесь (он положил руку на бумаги) решение всех этих вопросов. Скоро все узнают... и ты в том числе. Ну, а пока — иди с богом. Твое лицо мне мешает... А мое дело и для тебя важнее всей этой сутолоки.

И он опять наклонился над чертежами и выкладками, махая Анне левой рукой, чтобы она уходила. Анна пошла в кухню, думая о том, что все-таки не все здесь похоже на наше и что она никогда еще не видела такого странного господина, который бы так торжественно произносил такие непонятные слова.

Она захотела посоветоваться еще с Дымой и Розой. В церковь она ходила мимо Борка и уже знала дорогу. Однажды, когда барыня осталась дома и она одна пошла в церковь, девушка забежала в знакомую квартиру. Розы и Джона не было, а Борк был очень занят. От него она узнала только, что Дыма уехал, так как письмо его, наконец, дошло, и Лозинские его увезли в Миннесоту. Это было для него очень кстати, так как приятели-ирландцы разбрелись, Тамани-холл не нуждался более в его голосе, а работы все не находилось... Временная знаменитость и появление его портрета в газетах плохо утешали Дыму в потере приятеля. Впрочем, в это время публика перестала уже интересоваться инцидентом в Центральном парке, в особенности после того, как оказалось, вдобавок, что и здоровье мистера Гопкинса, вовсе не убитого, приведено в надлежащее состояние.

История дикаря отступала все далее и далее на четвертую, пятую, шестую страницы, а на первых, за отсутствием других предметов сенсации, красовались через несколько дней портреты мисс Лиззи и мистера Фрэда, двух еще совсем молодых особ, которые, обвенчавшись самовольно в Балтиморе, устроили своим родителям, известным миллионерам города Нью-Йорка, "неожиданный сюрприз". И веселая, кудрявая головка мисс Лиззи, с лукавыми черными глазками, глядела на читателя с того самого места и даже

112

нарисованная тем самым карандашом, который изображал недавно нашего земляка.

Из этого следует, как легко стать знаменитым в этой стране и как это бывает ненадолго...

И только Дыма да Лозинские читали, что могли о Матвее, думая о том, как им теперь разыскать беднягу, опять потонувшего без следа в людском океане...

XXVI

А сам виновник волнения публики в день знаменитого митинга под вечер ехал в экстренном поезде на Детройт, на Бэффало, на Ниагару и на Чикаго...

Как он попал в этот поезд, он помнил потом очень смутно. Когда толпа остановилась, когда он понял, что более уже ничего не будет, да и быть более уже нечему, кроме самого плохого, когда, наконец, он увидел Гопкинса лежащим на том месте, где он упал, с белым, как у трупа, лицом и закрытыми глазами, он остановился, дико озираясь вокруг и чувствуя, что его в этом городе настигнет, наконец, настоящая погибель. С этой минуты он стал опять точно беспомощный ребенок и покорно побежал за каким-то долговязым итальянцем, который схватил его за руку и увлек за собой.

Через площадь они пробежали вместе с другими, потом вбежали в переулок, потом спустились в какой-то подвал, где было еще с десяток беглецов, частью мрачных, частью, повидимому, довольных сегодняшним днем. Мрачны были старики, довольны молодые бобыли и в том числе долговязый спаситель Матвея. Это был тот самый молодой человек, который утром, перед митингом, хлопал Матвея по плечу и щупал его мускулы. Веселому малому, кажется, очень понравилась манера обращения Матвея с полицией. Он и несколько его товарищей кинулись вслед за Матвеем, расчистившим дорогу, но затем, когда толпа остановилась, не зная, что делать дальше, он сообразил, что теперь остается только скрыться, так как дело принимало оборот очень серьезный. И он счел своей обязанностью позаботиться также о странном незнакомце.

Из переулка Матвея ввели в какое-то помещение, длинное, узкое и довольно темное. Здесь столпилось десятка два человек, разных национальностей, которые, чувствуя себя в безопасности, обсуждали события дня. Они горячо спорили при этом: одни находили, что митинг сорван напрасно, другие доказывали, что, наоборот, все вышло хорошо, и факт прямого столкновения с полицией произведет впечатление даже сильнее "слишком умеренных" речей Гомперса. Все это привело, наконец, споривших к вопросу: что же им делать со странным незнакомцем?

Они приступили к Матвею с расспросами на разных языках, но он только глядел на них своими синими глазами, в которых виднелась щемящая тоска, и повторял: Миннесота... Дыма... Лозинский...

Наконец долговязый юноша пришел к заключению, что не остается ничего другого, как переодеть Матвея и отправить его по железной дороге в Миннесоту. Достали одежду, которая сразу затрещала по швам, когда ее напялили на Матвея, а затем привели парикмахера из членов того же общества. Сначала Матвей оказал было сопротивление, но когда молодой верзила очень красноречивым жестом показал на шею, как бы охватывая ее петлей, Матвей понял и покорно отдался своей судьбе. Через десять минут в небольшое зеркальце на Матвея глядело чужое, незнакомое лицо, с подстриженными усами и небольшой лопаткой вместо бороды.

Молодой человек похлопал его по плечу. Лозищанин понял, что эти люди заботятся о нем, хотя его удивляло, что этот беспечный народ относился к его печальному положению с каким-то непонятным весельем. Как бы то ни было, под вечер, совершенно преображенный, он покорно последовал за молодыми людьми на станцию железной дороги. Здесь у него взяли деньги, отсчитали, сколько было нужно, остальное (не очень много) отдали-ему вместе с билетом, который продели за ленту шляпы. Перед самым отходом поезда долговязый принес еще две бутылки сидра, большой белый хлеб и несколько фруктов. Все это было уложено в корзине. Это до глубины души тронуло Матвея, который крепко обнял своего благодетеля.

— Ты мне все равно, как родной, — сказал Матвей. — Никогда тебя не забуду... — Долговязый похлопал его по плечу, и вся компания, весело кивая и смеясь, проводила взглядами поезд, который понес Матвея по туннелям, по улицам, по насыпям и кое-где, кажется, по крышам, все время звоня мерно и печально. Некоторое время в окнах вагона еще мелькали дома проклятого города, потом засинела у самой насыпи вода, потом потянулись зеленые горы, с дачами среди деревьев, кудрявые острова на большой реке, синее небо, облака, потом большая луна, как вчера на взморье, всплыла и повисла в голубоватой мгле над речною гладью...

Корзина с провизией склонилась в руках ослабевшего человека, сидевшего в углу вагона, и груши из нее посыпались на пол. Ближайший сосед поднял их, тихо взял корзину из рук спящего и поставил ее рядом с ним. Потом вошел кондуктор, не будя Матвея, вынул билет из-за ленты его шляпы и на место билета положил туда же белую картонную марку с номером. Огромный человек крепко спал, сидя, и на лице его бродила печальная судорога, а порой губы сводило, точно от испуга...

А поезд летел, и звон, мерный, печальный, оглашал то спящие ущелья, то долины, то улицы небольших городов, то станции, где рельсы скрещивались, как паутина, где, шумя, как ветер в непогоду, пролетали такие же поезда, по всем направлениям, с таким же звоном, ровным и печальным.

XXVII

Впоследствии Матвею случалось ездить тою же дорогой, но впоследствии все в Америке казалось ему уже другим, чем в эти печальные дни, когда поезд мчал его от Нью-Йорка, а куда — неизвестно. Он проспал чудные берега Гудзона и проснулся на время лишь в Сиракузах, где в окнах засветилось что-то снаружи зловещим красным светом. Это были громадные литейные заводы. Расплавленный чугун огненным озером лежал на земле, кругом стояли черные здания, черные люди бродили, как нечистые духи, черный дым уходил в темное мглистое небо, и колокола паровозов все звонили среди ночи, однообразно и тревожно... Затем Бэффало, весь тоже во мгле и дыму. Потом, уже на заре, в вагоне застучали отодвигаемые окна; повеяло утренней свежестью, американцы высунулись в окна, глядя куда-то с видимым любопытством.

— Найагара, Найагара-фолл, — сказал кондуктор, торопливо проходя вдоль поезда, и тронул лозищанина за рукав, с удивлением глядя на человека, который один сидит в своем углу и не смотрит Ниагару.

Матвей поднялся и заглянул в окно. Было еще темно, поезд как-то робко вполз на мост, висевший над клубящейся далеко внизу быстрой рекой. Мост вздрагивал и напрягался под тяжестью, как туго натянутая струна, а другой такой же мост, кинутый с берега на берег, на страшной высоте, казался тонкой полоской кружева, сквозившей во мгле. Внизу шумело пенистое течение реки, на скалах дремали здания городка, а под ними из камней струилась и падала книзу вода тонкими белыми лентами. Дальше пена реки сливалась с беловатым туманом, который клубился и волновался точно в гигантском котле, закрывая зрелище самого водопада. Только глухой шум, неустанный, ровный и какой-то безнадежный, рвался оттуда, наполняя трепетом и дрожанием сырой воздух мглистой ночи. Будто в тумане ворочалось и клокотало что-то огромное и глухо стонало, жалуясь, что нет ему покоя от века до века...

Поезд продолжал боязливо ползти над бездной, мост все напрягался и вздрагивал, туман клубился, как дым огромного пожара, и, подымаясь к небу, сливался там с грядой дальних облаков. Потом вагон пошел спокойнее, под колесами зазвучала твердая земля, поезд сошел с моста и потянулся, прибавляя ход, вдоль берега. Тогда стало вдруг светлее, из-за облака, которое стояло над всем пространством огромного водопада, приглушая его грохот, выглянула луна, и водопад оставался сзади, а над водопадом все стояла мглистая туча, соединявшая небо и землю... Казалось, какое-то летучее чудовище припало в этом месте к реке и впилось в нее среди ночи, и ворчит, и роется, и клокочет...

Детройт остался у Матвея в памяти только тем, что железная дорога как будто вся целиком отделилась от земли и вместе с рельсами и поездом поплыла по воде. Это было уже следующей ночью, и на другом берегу реки на огромном расстоянии разлегся город и тихо пламенел и сверкал синими, белыми, желтыми огнями. Потом поезд пронесся утром мимо Чикаго. На правой стороне чуть не в самые рельсы ударяла синяя волна Мичигана — огромного, как море, и пароход, шедший прямо к берегу, выплывал из-за водного горизонта, большой и странный, точно он взбирался на водяную гору... Еще несколько часов вдоль берега, потом Мильвоки — и дорога отклонилась к западу...

Города становились меньше и проще, пошли леса и речки, потянулись поля и плантации кукурузы... И по мере того, как местность изменялась, как в окна врывался вольный ветер полей и лесов, Матвей подходил к окнам все чаще, все внимательнее присматривался к этой стране, развертывавшей перед ним, торопливо и мимолетно, мирные картины знакомой лозищанину жизни.

И вместе с тем, понемногу и незаметно, застывшая во вражде душа оскорбленного и загнанного человека начинала как будто таять. В одном месте он чуть не до половины высунулся из окна, провожая взглядом быстро промелькнувшую пашню, на которой мужчины и женщины вязали снопы пшеницы. В другом, опершись на сапы и кирки, смотрели на пробегающий поезд крепкие, загорелые люди, корчевавшие пни поваленного леса. Матвею была знакома эта работа — и ему хотелось бы выскочить из вагона, взять в руки топор или кирку и показать этим людям, что он, Матвей Лозинский, может сделать с самым здоровым пнищем.

Но поезд все звонил и летел, сменяя картину за картиной.

Грустные дни чередовались с еще более грустными ночами. И по мере того, как природа становилась доступнее, понятнее и проще, по мере того, как душа лозищанина все более оттаивала и смягчалась, раскрываясь навстречу спокойной красоте мирной и понятной ему жизни; по мере того, как в нем, на месте тупой вражды, вставало сначала любопытство, а потом удивление и тихое смирение, — по мере всего этого и наряду со всем этим его тоска становилась все острее и глубже. Теперь он чувствовал, что и ему нашлось бы место в этой жизни, если бы он не отвернулся сразу от этой страны, от ее людей, от ее города, если б он оказал более внимания к ее языку и обычаю, если бы он не осудил в ней сразу, заодно, и дурное и хорошее... А теперь между ним и этой жизнью встало бродяжество и даже, может быть, преступление...

И люди, хотя часто походили с виду на Падди, начинали все-таки представляться лозищанину в другом свете. Пока он ехал, переходя с поезда на поезд, не раз сменилась и публика, и кондукторская бригада. Но сменявшиеся пассажиры обращали внимание новых на огромного человека, чувствовавшего себя как будто неловко в своей одежде, робкого, застенчивого и беспомощного, как ребенок. Никто его не тревожил, никто не надоедал никакими расспросами, но каждый раз, как приходилось менять вагон или пересаживаться на другой поезд, к Матвею подходил или кондуктор, или кто-нибудь из соседей брал его за руку и вел за собою на новое место. Большой человек покорно следовал в таких случаях за ними и глядел на провожавшего застенчивыми, но благодарными глазами.

Кроме того, здесь, в глубине страны, люди не казались уже до такой степени похожими друг на друга, как в том огромном городе, где Матвей испытал столько горестных приключений. В поезд то и дело садились рослые фермеры, загорелые, широкоплечие, в широких сюртуках и с бородами, которые могли бы и на них навлечь остроты нью-йоркских уличных бездельников. Порой суровый квакер в застегнутом до шеи сюртуке, порой степной торговец скотом или охотник из Канады в живописном кожаном костюме, увешанном бахромой и кистями, выделялись среди остальной публики, привлекая невольное внимание. А один раз у костра сидела в ожидании своего поезда группа бронзовых индейцев, возвращавшихся из Вашингтона, завернувшихся в свои одеяла и равнодушно куривших трубки под взглядами любопытной толпы, высыпавшей на это зрелище из поезда...

На одной станции у небольшого города, здания которого виднелись над рекой, под лесом, в вагон, где сидел Матвей, вошел новый пассажир. Это был старик с худощавым лицом, сильно впавшими щеками, тонкими губами и острым проницательным взглядом. Человек вида странного, пожалуй, даже смешного, тем более, что одет он был совсем оборванцем, а между тем держал себя уверенно и даже гордо. Его одежда, когда-то, вероятно, черная, теперь стала серой от солнца, едкой белой пыли и многочисленных ржавых пятен. Его штаны были коротки, точно надеты с ребенка, и сапоги порыжели еще более, чем у Матвея, у которого они хранили все-таки следы щеток негра Сама на Бродвее. Но на голове незнакомца был надет новенький лоснящийся цилиндр, а во рту торчала большая сигара, наполнявшая вагон тонким ароматом. Матвей удивлялся уже ранее, что здесь, по-видимому, нет особых вагонов для "простого народа", а теперь подумал, что такого молодца в таких штанах, да еще с сигарой, едва ли потерпят рядом с собой остальные пассажиры, несмотря даже на его новый цилиндр, как будто украденный. Но, к его удивлению, старика почтительно провожали со станции какой-то господин, очень щеголеватый, и кузнец, видимо, только что отошедший от горна. Оба они пожимали ему руки на платформе, а когда он вошел в вагон, ближайший молодой человек, тоже одетый весьма старательно, приветливо посторонился, очищая место возле себя... Старик кивнул головой, вынул сигару, сплюнул и протянул молодому человеку руку в щегольской перчатке.

Между тем, поезд опять мчался дальше. Теплый вечер спускался на поля, на леса, на равнины, закутывая все легким сумраком, который становился все синее и гуще. Мерное позванивание локомотива оглашало леса, молчаливо лежавшие по обе стороны дороги. И всякий раз при этом где-нибудь на полянке мелькал огонь, порой горел костер, вокруг которого расположились дровосеки, порой светились окна домов... В одном месте семья садилась за ужин на открытом воздухе. В отворенных настежь дверях стояла женщина с ребенком, и даже пламя свечей не колебалось в тихом лесном затишьи.

Матвей глядел на все это со смешанным чувством: чем-то родственным веяло на него от этого простора, где как будто еще только закипала первая борьба человека с природой, и ему становилось грустно: так же вот где-нибудь живут теперь Осип и Катерина, а он... что будет с ним в неведомом месте после всего, что он наделал?

Ему стало так горько, что он решил лучше заснуть... И вскоре он действительно спал, сидя и закинув голову назад. А по лицу его, при свете электрического фонаря, проходили тени грустных снов, губы подергивались, и брови сдвигались, как будто от внутренней боли...

XXVIII

Сон не всегда приходит к нам вовремя. Если бы на этот раз Матвей не спал, то мог бы услышать много любопытного, и его похождения кончились бы благополучно и скоро.

Но он спал, когда поезд остановился на довольно продолжительное время у небольшой станции. Невдалеке от вокзала, среди вырубки, виднелись здания из свежесрубленного леса. На платформе царствовало необычайное оживление: выгружали земледельческие машины и камень, слышалась беготня и громкие крики на странном горловом жаргоне. Пассажиры-американцы с любопытством выглядывали в окна, находя, по-видимому, что эти люди суетятся гораздо больше, чем бы следовало при данных обстоятельствах.

— Простите, сэр, — спросил пассажир, ехавший в поезде из Мильвоки, — что это за народ?

— Русские евреи, — ответил спрошенный. — Они основали колонию около Дэбльтоуна...

В это время у открытой боковой двери вагона остановились две фигуры, и послышались звуки русской речи.

— Слушай, Евгений, — говорил один высоким тенором, с легким гортанным акцентом. — Еще раз: оставайся с нами.

— Нет, не могу, — ответил другой грудным баритоном. — Тянет, понимаешь... Эти последние известия...

— Такая же иллюзия, как и прежде!.. И из-за этих фантазий ты отворачиваешься от настоящего хорошего, живого дела: дать новую родину тысячам людей, произвести социальный опыт...

— Все это так и, при других условиях... Повторяю тебе: тянет. А что касается фантазий, то... во-первых, Самуил, только в этих фантазиях и жизнь... будущего! А во-вторых, ты сам со своим делом...

— All right (готово)! — крикнул кто-то на платформе.

— Please in the cars (прошу в вагоны)! — раздались приглашения кондукторов.

Два приятеля крепко обнялись, и один из них вскочил в вагон уже на ходу.

Это был высокий, молодой еще человек, с неправильными, но выразительными чертами лица, в запыленной одежде и обуви, как будто ему пришлось в этот день много ходить пешком. Он положил небольшой узелок на полку, над головой Матвея, и затем его взгляд упал на лицо спящего. В это время Матвей, быть может, под

влиянием этого взгляда, раскрыл глаза, сонные и печальные. Несколько секунд они смотрели друг на друга. Но затем голова Матвея опять откинулась назад, и из его широкой груди вырвался глубокий вздох... Он опять спал.

Пришелец еще несколько секунд смотрел в это лицо... Несмотря на то, что Матвей был теперь переодет и гладко выбрит, что на нем был американский пиджак и шляпа, было все-таки что-то в этой фигуре, пробуждавшее воспоминания о

121

далекой родине. Молодому человеку вдруг вспомнилась равнина, покрытая глубоким мягким снегом, звон колокольчика, высокий бор по сторонам дороги и люди с такими же глазами, торопливо сворачивающие свои сани перед скачущей тройкой...

Может быть, и Матвею вспомнилось что-нибудь в этом роде. Губы его шевелились и бормотали что-то, и на лице виднелось выражение покорной просьбы.

Всю эту короткую молчаливую сцену наблюдал серый господин в цилиндре своими рысьими глазками, в которых светилось странное выражение — какого-то насмешливого доброжелательства.

— How do you do (здравствуйте), mister Nilof, — окликнул он, видя, что русский его не замечает.

Тот вздрогнул и живо повернулся.

— А! Здравствуйте, судья Дикинсон, — ответил он на чистом английском языке, протягивая судье руку.— Простите, я вас не заметил.

— О, это ничего. Вы заинтересовались этим пассажиром?.. Меня он тоже интересует... Он едет, повидимому, издалека.

— Из Мильвоки, — сказал один из пассажиров.

— О, нет, — вмешался другой. — Я еду из Мильвоки и уже застал его в поезде. Он, кажется, сел в Чикаго, а может быть, и в Нью-Йорке. Он не говорит ни слова по-английски и беспомощен, как ребенок.

— Очевидно, иностранец, — сказал судья Дикинсон, меряя спящего Матвея испытующим, внимательным взглядом. — Атлетическое сложение!.. А вы, мистер Нилов, кажется, были у ваших земляков? Как их дела? Я видел: они выписали хорошие машины — лучшая марка в Америке.

— Да... теперь им еще трудно. Но они надеются.

— Читали вы извлечение из отчетов эмиграционного комитета?.. Цифра переселенцев из России растет.

— Да, — кратко ответил Нилов.

— А кстати: в том же номере "Дэбльтоунского курьера" есть продолжение истории нью-йоркского дикаря. И знаете: оказывается, что он тоже русский.

— В таком случае, сэр, он не дикарь, — сказал Нилов сухо.

— Гм... да... Извините, мистер Нилов... Я, конечно, не говорю о культурной части нации. Но... до известной степени все-таки... человек, который кусается...

— Без сомнения, он не кусается, сэр. Не все газетные известия верны.

— Однако... его поступок с полисменом Гопкинсом?

— Полисмен Гопкинс, судя даже по газетам, первый ударил его по голове клобом... Считаете вы его дикарем?

Серый джентльмен засмеялся и сказал:

— О! Но это немного другое дело... Полицейские этой страны снабжаются клобами для известного употребления... И раз иностранец нарушает порядок...

— Мне очень жаль это слышать от судьи, — сказал Нилов холодно.

Серый джентльмен несколько выпрямился, видимо задетый, и сказал:

— Судью Дикинсона еще никто не упрекал за опрометчивые суждения... в его камере. Здесь мы имеем дело с фактами, как они изложены в газетах... Я вас обидел чем-нибудь мистер Нилов?

— Вы меня не обидели. Но если вы знаете полицейских вашей страны, то я знаю людей моей родины. И я считаю оскорбительной нелепостью газетные толки о том, что они кусаются. Вполне ли вы уверены, что ваши полицейские не злоупотребляют клобами без причины?

Серый господин вынул изо рта сигару и некоторое время смотрел на собеседника, как будто удивленный неожиданным оборотом разговора.

— Гм... да, — сказал он. — Если взглянуть на дело с этой точки зрения... По совести, я в этом далеко не уверен... И поступи это дело ко мне, я потребовал бы разъяснения... По-видимому, у вас есть идея всего события?

— Да, у меня есть идея события... Я думаю, что мой земляк попал на митинг случайно... И случайно встретился с Гопкинсом.

— Ну, а зачем он наклонился и старался схватить его... гм... одним словом... как это изложено в газетах?

— Правда состоит, вероятно, в том, что он наклонился... К сожалению, сэр, на моей родине люди действительно кланяются иногда слишком низко...

— Вы думаете? Ха! Это кажется невероятным. Намерение укусить и именно за руку... Это по меньшей мере требовало бы доказательств.

— А если на приветствие последовал хороший удар по голове...

— Ха-ха! Это, конечно, затемняет рассудок и освобождает страсти! Положительно, я считаю дело почти выясненным. Вы были бы отличным адвокатом. О, да! Вы могли бы стать лучшим адвокатом нашего города!.. И если вы все-таки предпочитаете работать на моей лесопилке...

Он стряхнул пепел с своей сигары и впился в лицо Нилова своими живыми, острыми глазками. Затем, оглянувшись на других пассажиров и желая придать разговору больше интимности, он пересел на скамью рядом с Ниловым, положил ему руку на колено и сказал, понизив голос:

— Извините меня, мистер Нилов... Дик Дикинсон человек любопытный. Позволите вы мне предложить вам несколько вопросов, так сказать... личного свойства?

— Сделайте одолжение. Если они будут неудобны, я не отвечу.

— О, конечно, конечно! — засмеялся Дикинсон. — Видите ли: вы третий русский джентльмен, которого я встречаю... Скажите — много американцев видели вы у себя на родине?

— Встречал, хотя... очень немного.

— И, наверное, они меняли свое среднее положение на лучшие условия у вас?..

— Пожалуй...

— Скажите теперь... Может быть, я ошибаюсь, но... Мне кажется... вы лично не поступили ли наоборот?.. И здесь вы уже несколько раз имели случай скинуть рабочую блузу и сделать лучшую карьеру...

Нилов бросил взгляд на невероятный костюм старого джентльмена и ответил улыбнувшись:

— Я вижу на вас, судья Дикинсон, ваш рабочий костюм!

— О, это немного другое дело, — ответил Дикинсон. — Да, я был каменщиком. И я поклялся надевать доспехи каменщиков во всех торжественных случаях... Сегодня я был на открытии банка в N. Я был приглашен учредителями. А кто приглашает Дика Дикинсона, тот приглашает и его старую рабочую куртку. Им это было известно.

— Я очень уважаю эту черту, сэр, — сказал серьезно Нилов. — Но...

— Но, повторяю, это другое дело. Я надеваю старое рабочее платье и лучшие перчатки из Нью-Йорка. Это напоминает мне, чем я был и чем стал, то есть чем именно я обязан моим старым доспехам. Это — мое прошлое и мое настоящее...

Он замолк, пожевал сигару своими тонкими ироническими губами и, пристально глядя на молодого человека, прибавил:

— Вы, кажется, идете обратным путем и в старости вам, пожалуй, захочется надеть ваш фрак.

— Надеюсь, что нет, — ответил Нилов. — Однако, кажется, поезд останавливается. Это — лесопилка, и я здесь сойду. До свидания, сэр!

— До свидания. — Я оставляю еще за собой свои вопросы...

Нилов, снимая свой узел, еще раз пристально и как будто в нерешимости посмотрел на Матвея, но, заметив острый взгляд Дикинсона, взял узел и попрощался с судьей. В эту самую минуту Матвей открыл глаза, и они с удивлением остановились на Нилове, стоявшем к нему в профиль. На лице проснувшегося проступило как будто изумление. Но, пока он протирал глаза, поезд, как всегда в Америке, резко остановился, и Нилов вышел на платформу. Через минуту поезд несся дальше.

Дикинсон пересел на свое место, и американцы стали говорить об ушедшем.

— Да, — сказал судья, — это третий русский джентльмен,

которого я встречаю, и третий человек, которого я не могу понять...

— Быть может... из секты Лео Толстого, — предположил один из собеседников.

— Не знаю... Но он, видимо, получил прекрасное образование, — продолжал Дикинсон задумчиво. — И уже несколько раз, на моих глазах, пропускает прекрасные шансы... Когда я исполнил свой первый небольшой подряд, мистер Дэглас, инженер, сказал мне: "Я вами доволен, Дик Дикинсон. Скажите мне, в чем ваша амбиция". Я усмехнулся и сказал: "Для первого случая, я не прочь попасть в президенты". Мистер Дэглас засмеялся тоже и ответил: "Верно, Дик! Не могу поручиться, что вы станете президентом, но вы построите целый город и станете в нем головой..."

— И это оправдалось, — сказал почтительно самый юный из пассажиров.

— Да, — продолжал Дикинсон. — Понять человека, значит узнать, чего он добивается. Когда я заметил этого русского джентльмена, работавшего на моей лесопилке, я то же спросил у него: what is your ambition? И знаете, что он мне ответил? "Я надеюсь, что приготовлю вам фанеры не хуже любого из ваших рабочих..."

— Да, все это странно, — сказал один из собеседников.

Между тем, Матвей, который опять задремал в поезде после ухода Нилова, вздрогнул и забормотал во сне.

— Вот тоже человек, которого трудно понять, — засмеялся один из американцев.

— Я не встречал никого, кто мог бы так много спать в таком неудобном положении.

Судья Дикинсон внимательно посмотрел на Матвея и потом сказал:

— Я готов биться об заклад: на душе этого человека... неспокойно. Я не знаю, куда он едет, но предпочел бы, чтобы он миновал наш город. О! у меня на этот счет верный глаз...

XXIX

Звон раздавался чаще, поезд замедлял ход, кондуктор вошел в вагон и отобрал билеты у серого старика и у его молодого соседа. Потом он подошел к спавшему Матвею и, тронув его за рукав, сказал:

— Дэбльтоун, Дэбльтоун, сэр...

Матвей проснулся, раскрыл глаза, понял и вздрогнул всем телом. Дэбльтоун! Он слышал это слово каждый раз, как новый кондуктор брал билет из-за его шляпы, и каждый раз это слово будило в нем неприятное ощущение. Дэбльтоун, поезд замедлил ход, берут билет, значит, конец пути, значит, придется выйти из вагона... А что же дальше, что его ждет в этом Дэбльтоуне, куда ему взяли билет, потому что до этого места хватило денег...

В окнах вагона замелькали снаружи огни, точно бриллиантовые булавки, воткнутые в темноту гор и лесов. Потом эти огни сбежали далеко вниз, отразились в каком-то клочке воды, потом совсем исчезли, и мимо окна, шипя и гудя, пробежала гранитная скала так близко, что на ней ясно отражался желтый свет из окон вагона... Затем под поездом загудел мост, опять появились далекие огни над рекой, но теперь они взбирались все выше, подбегали все ближе, заглядывая в вагон вплотную и быстро исчезая назади. На паровозе звонили без перерыва, потому что поезд, едва замедливший ход, мчался теперь по главной улице города Дэбльтоуна...

— Видели ли вы, сэр, как этот незнакомец вздрогнул? — спросил молодой человек, очевидно, заискивавший у судьи Дикинсона.

— Я все видел, — ответил старик. — Дик Дикинсон примет свои меры.

Через минуту двери домов в Дэбльтоуне раскрывались, и жители выходили навстречу своих приезжих. Вагон опустел. Молодой человек еще долго кланялся мистеру Дикинсону и напоминал о поклоне мисс Люси. Потом он отправился в город и посеял там некоторое беспокойство и тревогу.

Город Дэбльтоун был молодой город молодого штата. Прошло не более 8 лет с тех пор, как были распланированы его улицы у линии новой железной дороги, и с тех пор городок жил тихою жизнью американского захолустья. Совершенно понятно, что среди однотонной рабочей жизни город Дэбльтоун жадно поглотил известие, что с последним поездом прибыл человек, который не сказал никому ни слова, который вздрагивал от прикосновения, который, наконец, возбудил сильные подозрения в судье Дикинсоые, самом эксцентричном, но и самом уважаемом человеке Дэбльтоуна.

Сойдя с поезда, судья Дикинсон тотчас же подозвал единственного дэбльтоунского полисмена и, указав на фигуру Матвея, нерешительно стоявшего на залитой электрическим светом платформе, сказал:

— Посмотрите, Джон, куда отправится этот приезжий. Надо узнать намерение этого молодца. Боюсь, что нам не придется узнать ничего особенно хорошего.

Полисмен Джон Келли отошел и скрылся под тенью какого-то сарая, гордясь тем, что, наконец, и ему выпало на долю исполнять некоторое довольно тонкое поручение...

Однако Джону Келли скоро стало казаться, что у незнакомца не было никаких намерений. Он просто вышел на платформу, без всякого багажа, только с корзиной в руке, даже, по-видимому, без всякого плана действий и тупо смотрел, как удаляется поезд. Раздался звон, зашипели колеса, поезд пролетел по улице, мелькнул в полосе электрического света около аптеки, а затем потонул в темноте, и только еще красный фонарик сзади несколько времени посылал прощальный привет из глубины ночи...

Лозищанин вздохнул, оглянулся и сел на скамью, под забором, около опустевшего вокзала. Луна поднялась на середину неба, фигура полисмена Джона Келли стала выступать из сократившейся тени, а незнакомец все сидел, ничем не обнаруживая своих намерений по отношению к засыпавшему городу Дэбльтоуну.

Тогда Джон Келли вышел из засады и, согласно уговору, постучался в окно к судье Дикинсону.

Судья Дикинсон высунул голову с выражением человека, который знал вперед все то, что ему пришли теперь сообщить.

— Ну что, Джон? Куда направился этот молодец?

— Он никуда не отправился, сэр. Он все сидит на том же месте.

— Он все сидит... Хорошо. Обнаружил он чем-нибудь свои намерения?

— Я думаю, сэр, что у него нет никаких намерений.

— У всякого человека есть намерения, Джон, — сказал Дикинсон с улыбкой сожаления к наивности дэбльтоунского стража. — Поверьте мне, у всякого человека непременно есть какие-нибудь намерения. Если я, например, иду в булочную, — значит, я намерен купить белого хлеба, это ясно, Джон. Если я ложусь в постель, — очевидно, я намерен заснуть. Не так ли?

— Совершенно справедливо, сэр.

— Ну, а если бы... (тут лицо старого джентльмена приняло лукавое выражение), если бы вы увидели, что я хожу в полночь около железнодорожного склада, осматривая замки и двери... Понимаете вы меня, Джон?

— Как нельзя лучше, сэр... Однако... Если человек только сидит на скамье и вздыхает...

— Уэлл! Это, конечно, не так определенно. Он имеет право, как и всякий другой, сидеть на скамье и вздыхать хоть до утра. Посмотрите только, не станет ли он делать чего-нибудь похуже. Дэбльтоун полагается на вашу бдительность, сэр! Не пойдет ли незнакомец к реке, нет ли у него сообщников на барках, не ждет ли он случая, чтобы ограбить железнодорожный поезд, как это было недавно около Мадисона....Постойте еще, Джон.

Дик Дикинсон прислушался: к станции подходил поезд. Судья посмотрел на Джона своими острыми глазами и сказал:

— Джон!

— Слушаю, сэр!

— Я сильно ошибаюсь, если вы найдете его на месте. Он хотел обмануть вашу бдительность и достиг этого. Он, вероятно, сделал свое дело и теперь готовится сесть в поезд. Поспешите.

Окно Дикинсона захлопнулось, а Джон Келли бегом отправился на вокзал. Человек без намерений все сидел на прежнем месте, низко опустив голову. Джон Келли стал искать тени, подлиннее и погуще, чтобы пристроить к ней свою долговязую фигуру. Так как это не удавалось, то Келли решил, что ему необходимо присесть у стены склада. А затем голова Джона Келли сама собой прислонилась к стене, и он сладко заснул. Судья Дикинсон подождал еще некоторое время, но, видя, что полисмен не возвращается, решил, что человек без намерений оказался на месте. Он хотел уже тушить свою лампу, когда ему доложили, что с поезда явился к нему человек по экстренному делу.

Действительно, в его комнату вошел торопливой походкой человек довольно неопределенного вида, в котором, однако, опытный глаз судьи различил некоторые специфические черты детектива (сыщика).

— Вы здешний судья? — спросил незнакомец, поклонившись.

— Судья города Дэбльтоуна, — ответил Дикинсон важно.

— Мне необходим приказ об аресте, сэр.

— А! Я так и думал... Человек высокого роста, атлетического сложения?.. Прибыл с предыдущим поездом?..

Сыщик посмотрел с удивлением на проницательного судью и сказал:

— Как? Вам уже известно, что нью-йоркский дикарь?..

Судья Дикинсон быстро взглянул на сыщика и сказал:

— Ваши полномочия? Новоприбывший потупился.

— Я так спешно отправился по следам, что не успел запастись специальными приказами. Но история так известна... Дикарь, убивший Гопкинса...

— По последним телеграммам, — сказал холодно судья, — здоровье полисмена Гопкинса находится в отличном состоянии. Я спрашиваю ваши полномочия?

— Я уже сказал вам, сэр... Дело очень важно, и притом — он иностранец.

130

— Иначе сказать, — вы часто облегчаете себе задачу с иностранцами. Я не дам приказа.

— Но, сэр... это опасный субъект.

— Полиция города Дэбльтоуна исполнит свой долг, сэр, — сказал судья Дикинсон надменно. — Я не допущу, чтобы впоследствии писали в газетах, что в городе Дэбльтоуне арестовали человека без достаточных оснований.

Незнакомец вышел, пожав плечами, и отправился прежде всего на телеграф, а судья Дикинсон лег спать, совершенно уверенный, что теперь у полиции города Дэбльтоуна есть хорошая помощь по надзору за человеком без намерений. Но прежде, чем лечь, он послал еще телеграмму, вызывавшую на завтра мистера Евгения Нилова...

XXX

На утро Джон Келли явился к судье. — Ну, что скажете, Джон? — спросил у него Дикинсон.

— Все в порядке, сэр. Только... Там за ним следит еще кто-то.

— Знаю. Человек небольшого роста, в сером костюме.

Джон Келли с благоговением посмотрел на всезнающего судью и продолжал:

— Он все сидит, сэр, опустив голову на руки. Когда поутру проходил железнодорожный сторож, он только посмотрел на него. "Как больная собака", — сказал Виллиамс.

— И ничего больше?

— Около незнакомца собирается толпа... Вся площадка и сквер около вокзала заняты народом, сэр.

— Что им нужно, Джон?

— Они, вероятно, тоже хотят узнать его намерения... И притом, разнесся слух, будто это дикарь, убивший полисмена в Нью-Йорке...

Донесение Джона было совершенно справедливо. За ночь

слухи о том, что с поездом прибыл странный незнакомец, намерения которого возбудили подозрительность м-ра Дикинсона, успели вырасти, и на утро, когда оказалось, что у незнакомца нет никаких намерений и что он просидел всю ночь без движения, город Дэбльтоун пришел в понятное волнение. Около странного человека стали собираться кучки любопытных, сначала мальчики и подростки, шедшие в школы, потом приказчики, потом дэбльтоунские дамы, возвращавшиеся из лавок и с базаров, — одним словом, весь Дэбльтоун, постепенно просыпавшийся и принимавшийся за свои обыденные дела, перебывал на площадке городского сквера, у железнодорожной станции, стараясь, конечно, проникнуть в намерения незнакомца...

Но это было очень трудно, так как незнакомец все сидел на месте, вздыхал, глядел на проходящих и порой отвечал на вопросы непонятными словами. А между тем, у Матвея к этому времени уже было намерение. Рассмотрев внимательно свое положение в эту долгую ночь, пока город спал, а невдалеке сновали тени полицейского Келли и приезжего сыщика, он пришел к заключению, что от судьбы не уйдешь, судьба же представлялась ему, человеку без языка и без паспорта, в виде неизбежной тюрьмы... Он долго думал об этом и решил, что, раньше или позже, а без знакомства с американской кутузкой дело обойтись не может. Так пусть уж лучше раньше, чем позже. Он покажет знаками, что ничего не понимает, а об истории в Нью-Йорке здесь, конечно, никто не знает... Поэтому он даже вздохнул с облегчением и с радостной доверчивостью поднялся навстречу добродушному Джону Келли, который шел к нему, расталкивая толпу.

Судья Дикинсон вышел в свою камеру, когда шум и говор раздались у его дома, и в камеру ввалилась толпа. Незнакомый великан кротко стоял посредине, а Джон Келли сиял торжеством.

— Он обнаружил намерение, г. судья, — сказал полисмен, выступая вперед.

— Хорошо, Джон. Я знал, что вы оправдаете доверие города... Какое же именно намерение он обнаружил?

— Он хотел укусить меня за руку.

Мистер Дикинсон даже откинулся на своем кресле.

— Укусить за руку?.. Так это все-таки правда! Уверены ли вы в этом, Джон Келли?

— У меня есть свидетели.

— Хорошо. Мы спросим свидетелей. Случай требует внимательного расследования. Не пришел еще мистер Нилов?..

Нилова еще не было. Матвей глядел на все происходившее с удивлением и неудовольствием. Он решил итти навстречу неизбежности, но ему казалось, что и это делается здесь как-то не по-людски. Он представлял себе это дело гораздо проще. У человека спрашивают паспорт, паспорта нет. Человека берут, и полицейский, с книгой подмышкой, ведет его куда следует. А там уж что будет, то есть как решит начальство.

Но здесь и это простое дело не умеют сделать как следует. Собралась зачем-то толпа, точно на зверя, все валят в камеру, и здесь сидит на первом месте вчерашний оборванец, правда, теперь одетый совершенно прилично, хотя без всяких знаков начальственного звания. Матвей стал озираться по сторонам с признаками негодования.

Между тем, судья Дикинсон приступил к допросу.

— Прежде всего, установим национальность и имя, — сказал он. — Your name (ваше имя)?

Матвей молчал.

— Your nation (ваша национальность)? — И, не получая ответа, судья посмотрел на публику.— Нет ли здесь кого-нибудь, знающего хоть несколько слов по-русски? Миссис Брайс! Кажется, ваш отец был родом из России?..

Из толпы вышла женщина лет сорока, небольшого роста, с голубыми, как и у Матвея, хотя и значительно выцветшими глазами. Она стала против Матвея и как будто начала припоминать что-то.

В камере водворилось молчание. Женщина смотрела на лозищанина, Матвей впился глазами в ее глаза, тусклые и светлые, как лед, но в которых пробивалось что-то, как будто старое воспоминание. Это была дочь поляка-эмигранта. Ее мать умерла рано, отец спился где-то в Калифорнии, и ее

133

воспитали американцы. Теперь какие-то смутные воспоминания шевелились в ее голове. Она давно забыла свой язык, но в ее памяти еще шевелились слова песни, которой мать забавляла когда-то ее, малого ребенка. Вдруг глаза ее засветились, и она приподняла над головой руку, щелкнула пальцами, повернулась и запела по-польски, как-то странно, точно говорящая машина:

Наша мат-ка... ку-ропат-ка... Рада бить дет-ей...

Матвей вздрогнул, рванулся к ней и заговорил быстро и возбужденно. Звуки славянского языка дали ему надежду на спасение, на то, что его, наконец, поймут, что ему найдется какой-нибудь выход...

Но глаза женщины уже потухли. Она помнила только слова песни, но и в ней не понимала ни слова. Потом поклонилась судье, сказала что-то по-английски и отошла...

Матвей кинулся за ней, крича что-то, почти в исступлении, но немец и Келли загородили ему дорогу. Может быть, они боялись, что он искусает эту женщину, как хотел укусить полисмена.

Тогда Матвей схватился за ручку скамейки и пошатнулся. Глаза его были широко открыты, как у человека, которому представилось страшное видение. И действительно, ему, голодному, истерзанному и потрясенному, первый раз в жизни привиделся сон наяву. Ему представилось совершенно ясно, что он еще на корабле, стоит на самой корме, что голова у него кружится, что он падает в воду. Это снилось ему не раз во время путешествия, и он думал после этого, что чувствуют эти бедняки, с разбитых кораблей, одни, без надежды, среди этого бездушного, бесконечного и грозного океана...

Теперь этот самый сон проносился перед его широко открытыми глазами. Вместо судьи Дикинсона, вместо полицейского Келли, вместо всех этих людей, вместо камеры, — перед ним ясно ходили волны, пенистые, широкие, холодные, без конца, без края... Они ходят, грохочут, плещут, подымаются, топят... Он напрасно старается вынырнуть,

134

крикнуть, позвать, схватиться, удержаться на поверхности... Что-то тянет его книзу. В ушах шумит, перед глазами зеленая глубина, таинственная и страшная. Это гибель. И вдруг к нему склоняется человеческое лицо с светлыми застывшими глазами. Он оживает, надеется, он ждет помощи. Но глаза тусклы, лицо бледно. Это лицо мертвеца, который утонул уже раньше...

Вся эта картина мелькнула на одно мгновение, но так ясно, что его сердце сжалось ужасом. Он глубоко вздохнул и схватился за голову... "Господи боже, святая дева, — бормотал он, — помогите несчастному человеку. Кажется, что в голове у меня неладно..."

Он протер глаза кулаком и опять стал искать надежду на лицах этих людей.

А в это время полицейский Джон объяснил судье Дикинсону, при каких обстоятельствах обнаружились намерения незнакомца. Он рассказал, что, когда он подошел к нему, тот взял его руку вот так (Джон взял руку, судьи), потом наклонился вот этак...

И полицейский Джон, наклонившись к руке судьи, для большей живости оскалил свои белые зубы, придав всему лицу выражение дикой свирепости.

Эта демонстрация произвела сильное впечатление на публику, но впечатление, произведенное ею на Матвея, было еще сильнее. Этот язык был и ему понятен. При виде маневра Келли, ему стало сразу ясно очень многое: и то, почему Келли так резко отдернул свою руку, и даже за что он, Матвей, получил удар в Центральном парке... И ему стало так обидно и горько, что он забыл все.

— Неправда, — крикнул он, — не верьте этому подлому человеку...

И, возмущенный до глубины души клеветой, он кинулся к столу, чтобы показать судье, что именно он хотел сделать с рукой полисмена Келли...

Судья Дикинсон вскочил со своего места и наступил при этом на свою новую шляпу. Какой-то дюжий немец, Келли и еще несколько человек схватили Матвея сзади, чтобы он не искусал судью, выбранного народом Дэбльтоуна; в камере водворилось волнение, небывалое в летописях города. Ближайшие к дверям кинулись к выходу, толпились, падали и кричали, а внутри происходило что-то непонятное и страшное...

Измученный, голодный, оскорбленный, доведенный до исступления, лозищанин раскидал всех вцепившихся в него американцев, и только дюжий, как и он сам, немец еще держал его сзади за локти, упираясь ногами... А он рвался вперед, с глазами, налившимися кровью, и чувствуя, что он действительно начинает сходить с ума, что ему действительно хочется кинуться на этих людей, бить и, пожалуй, кусаться...

Неизвестно, что было бы дальше. Но в это время в камеру быстро вошел Нилов. Он протолкался к Матвею, стал перед ним и спросил с участием, по-русски:

— Эй, земляк! Что это вы тут натворили?

При первых звуках этого голоса Матвей рванулся и, припав к руке новопришедшего, стал целовать ее, рыдая, как ребенок...

Через четверть часа камера мистера Дикинсона опять стала наполняться обывателями города Дэбльтоуна, узнавшими, что по обстоятельствам дела намерение незнакомца разъяснилось в самом удовлетворительном смысле. В лице русского джентльмена, работающего на лесопилке, он нашел земляка и адвоката, которому не стоило много труда опровергнуть обвинения. Судья Дикинсон получил вполне удовлетворительные ответы на вопросы: "Your name?", "Your nation?" и на все другие, вытекавшие из обстоятельств дела. Гордый полным успехом, увенчавшим его разбирательство, он великодушно забыл даже о новой шляпе и, быстро покончив с официальными отношениями, протянул обвиняемому руку, выразив при этом уверенность, что выбор именно Дэбльтоуна из всех городов союза делает величайшую честь его проницательности... В заключение он предложил Матвею партикулярный вопрос:

— Гоу до ю лайк дис кэунтри, сэр?

— Он хочет знать, как вам понравилась Америка? — перевел Нилов.

Матвей, который все еще дышал довольно тяжело, махнул рукой.

— А! чтоб ей провалиться, — сказал он искренно.

— Что сказал джентльмен о нашей стране? — с любопытством переспросил судья Дикинеон, одновременно возбудив великое любопытство в остальных присутствующих.

— Он говорит, что ему нужно время, чтобы оценить все достоинства этой страны, сэр...

— Вэри уэлл! Ответ, совершенно достойный благоразумного джентльмена! — сказал Дикинсон тоном полного удовлетворения.

XXXI

На следующий день газета города Дэбльтоуна вышла в увеличенном формате. На первой странице ее красовался портрет мистера Метью, нового обитателя славного города, а в тексте, снабженном достаточным количеством весьма громких заглавий, редактор ее обращался ко всей остальной Америке вообще и к городу Нью-Йорку в особенности. "Отныне, — писал он, — город Дэбльтоун может гордиться тем обстоятельством, что его судья, мистер Дикинсон, удачно разрешил вопрос, над которым тщетно ломали головы лучшие ученые этнографы Нью-Йорка. Знаменитый дикарь, виновник инцидента в Central park, известие о котором обошло всю Америку в столь искаженном виде, в настоящее время является гостем нашего города. После весьма искусного расследования, произведенного чрезвычайно сведущим в своем деле судьей, м-ром Дикинсоном, он оказался русским, уроженцем Лозищанской губернии (одной из лучших и самых просвещенных в этой великой и дружественной стране), христианином и, — добавим от себя,— очень кротким человеком, весьма приятным в обращении и совершенно лойяльным. Он обнаружил истинно христианскую радость, узнав о том, что здоровье полисмена Гопкинса, считавшегося убитым, находится в вожделенном состоянии и что этот полисмен уже приступил к исполнению своих обычных обязанностей. Тем лучше для полисмена Гопкинса, но, смеем прибавить, основываясь на мнении лучших юристов нашего города, что в этом вопросе является заинтересованным лицом единственно лишь сам полисмен Гопкинс, так как он сам виновен в постигшем его несчастье. Да, повторяем, он сам виновен, так как первый ударил клобом по голове мирного иностранца, обратившегося к нему с выражением любви и доверия. Если судьи города Нью-Йорка думают иначе, если адвокат этого штата пожелает доказывать противное или сам полисмен Гопкинс вознамерится искать убытки, то они будут иметь дело с лучшими юристами Дэбльтоуна, выразившими готовность защищать обвиняемого безвозмездно. Едва ли, однако, в этом представится надобность после того, как мы разоблачим на этих столбцах еще одну клевету, которой наши нью-йоркские собратья по перу, без достаточной проверки, очернили репутацию Метью Лозинского, нашего уважаемого гостя и, надеемся, будущего согражданина. Дело в том, что он вовсе не кусается. Движение, которое полисмен Гопкинс истолковал в этом позорном смысле (что вовсе не делает чести проницательности нью-йоркской полиции), имеет, наоборот, значение самого горячего привета и почтения, которым в Лозищанской губернии обмениваются взаимно люди самого лучшего круга. Он просто наклонился, чтобы поцеловать у Гопкинса руку. То же движение мы имели случай наблюдать с его стороны по отношению к судье Дикинсону, полисмену Джону Келли, а также к одному из его соотечественников, занимающему ныне очень скромное положение на лесопилке м-ра Дикинсона, но которому его таланты и образование, без сомнения, откроют широкую дорогу в этой стране. Нет сомнения, что если бы и у нас на это выражение высшей деликатности последовал грубый ответ по голове клобом, то полисмен города Дэбльтоуна испытал бы горькую судьбу полисмена города Нью-Йорка, так как русский джентльмен обладает необыкновенной физической силой. Но Дэбльтоун, —

говорим это с гордостью, — не только разрешил этнографическую загадку, оказавшуюся не по силам кичливому Нью-Йорку, но еще подал сказанному городу пример истинно христианского обращения с иностранцем, — обращения, которое, надеемся, изгладит в его душе горестные воспоминания, порожденные пребыванием в Нью-Йорке.

Из судебной камеры мистер Нилов, — русский джентльмен, о котором сказано выше, — увел соотечественника в свое жилище, находящееся в небольшом рабочем поселке, около лесопилки. Значительная часть населения города Дэбльтоуна, состоявшая преимущественно из юных джентльменов и леди, провожала их до самого дома одобрительными криками, и даже после того, как дверь за ними закрылась, народ не расходился, пока мистер Нилов не вышел вновь и не произнес небольшого спича на тему о будущем процветании славного города... Он закончил просьбой дать отдых его скромному соотечественнику, не привыкшему к столь шумным изъявлениям общественной симпатии".

Разумеется, автор красноречивой статьи не знал, что, когда граждане города Дэбльтоуна разошлись, Матвей вздохнул с облегчением и сказал:

— Что?.. совсем ушли?

— Да, — ответил Нилов, принявшийся готовить кофе на керосинке.

— А, чтоб их всех взяла холера!.. — от души сказал Матвей и как-то весь опустился.

Нилов только улыбнулся и не сказал ничего; он понимал, что столько пережитых ощущений могут свалить даже такого сильного человека. Поэтому он наскоро напоил его горячим кофе и уложил спать.

XXXII

Матвей проспал целые сутки и даже несколько больше. Когда он проснулся, солнце уходило из светлой каморки, озаряя ее последними лучами. Нилов, вернувшийся с работы, снимал с себя синюю блузу, всю в стружках и опилках. Стружки видны были даже в его волосах. Матвей некоторое время не мог сообразить, где он и что с ним происходит. Поэтому сначала он смотрел прищуренными глазами, как-то подозрительно следя за движениями молодого человека, боясь, что это сон, который сейчас сменится новой кутерьмой неприятного свойства.

Между тем, Нилов тихонько переоделся, сменив рабочий костюм легкой фланелевой парой, и, сев к столу, раскрыл какую-то книгу.

В этом виде он совсем не напоминал рабочего, и в памяти лозищанина ожил опять мимолетный образ, который мелькнул уже раз в вагоне. Ему вспомнился барский дом около Лозищей, выглядывавший из-за зелени сада. Между этим домом и поселком шла давняя вражда и долгая тяжба из-за чиншевых земель. Она началась при отцах, продолжалась при детях и склонялась то на ту, то на другую сторону. Дело грозило большими запутанностями и неприятностями, как вдруг старый барин умер. В Лозищи явился его наследник и, созвав сход, предложил покончить спор, уступив по всем пунктам. Некоторое время лозищане еще шумели и упирались, не понимая причин этой уступчивости.

Но потом более проницательные люди сообразили, что, вероятно, барчук прокутился, наделал долгов и хочет поскорее спустить отцовское наследие, чему мешает тяжба. Лозищане постарались оттянуть еще, что было можно, и дело было кончено. После этого барчук исчез куда-то, и о нем больше не было слышно ничего определенного. Остались только какие-то смутные толки, довольно разноречивые, но во всех версиях неблагоприятные для молодого человека.

И вот теперь Матвею показалось, что перед ним этот

самый человек, только что снявший рабочую блузу и сидящий за книгой. Он так удивился этому, что стал протирать глаза. Кровать под ним затрещала. Нилов повернулся.

— Что, земляк, выспались? — спросил он приветливо. — Ну, теперь давайте пить кофе.

Лозинский поднялся застенчиво и неловко, расправляя онемевшие члены. Вчера он обрадовался этому человеку, как избавителю, сегодня чувствовал себя как-то неловко в его присутствии. К тому же он увидел со смущением, что в комнате не было другой кровати, — значит, хозяин уступил свою, а его ноги были босы, — значит, Нилов снял с него, сонного, сапоги. Правда, он не разувался во все время долгого пути, и от этого ноги его горели... Но все-таки эти заботы причинили ему скорее неудовольствие. Он был теперь уверен, что это лозищанский барчук и что толки были правдивы; он, значит, действительно спустил все отцовское наследие и теперь несет участь блудного сына на чужой стороне. Но так как все-таки он оказал ему услугу и притом был барин, то Лозинский решил не подавать и виду, что узнал его, но в его поведении сквозило невольное почтение. Это вносило какое-то замешательство и неопределенность в их взаимные отношения. Нилов вел себя просто, но сдержанно, Матвей конфузился и уходил в себя.

На следующий день, вернувшись с лесопилки, Нилов сказал, что Матвей может, если желает, получить работу: носить лес с барок. Матвей, конечно, согласился с радостью, и вскоре недавняя знаменитость, человек, о котором говорили все газеты Америки, скромно переносил лес с барок на берег речки. Его сила и уверенность его обращения с тяжелыми дубовыми бревнами доставили ему повышение, и, спустя недели две, он работал уже рядом с Ниловым, подавая лес на зубчатые колеса, где Нилов резал его на тонкие фанеры. К вечеру, оба засыпанные опилками, они возвращались домой.

Матвей нанял комнату рядом с Ниловым, обедать они ходили вместе в ресторан. Матвей не говорил ничего, но ему казалось, что обедать в ресторане — чистое безумие, и он все подумывал о том, что он устроится со временем поскромнее. Когда пришел первый расчет, он удивился, увидя, что за расходами у него осталось еще довольно денег. Он их припрятал, купив только смену белья.

Еще через неделю Нилов сказал ему, что они отправятся вместе в Дэбльтоун, где он, Нилов, будет читать лекцию. Они пришли в большой зал, весь набитый народом, который встретил их криками и свистом (в Америке это выражение одобрения). Затем все стихло, судья Дикинсон сказал несколько слов, указывая то на Матвея, то на Нилова, а затем последний стал долго и свободно рассказывать что-то, по временам показывая места на большой карте. Публика, состоявшая в большинстве из рабочих людей, слушала с напряженным вниманием и в конце опять устроила им овацию...

Когда после этого они пришли домой, Нилов вынул кучку денег и, разделив ее на две половины, одну отдал Матвею.

— Это мы с вами заработали сегодня, — сказал он. — Это плата за лекцию. Я говорил им о нашей родине и о ваших похождениях. По справедливости, половина принадлежит вам.

Матвей пробовал было отказаться, но потом принял деньги. За это время его отношение к Нилову сильно изменилось, и хотя он не все понимал, однако совершенно отбросил мысль о блудном сыне. Получив деньги, он сконфуженно смотрел на Нилова... Ему хотелось бы выразить как-нибудь свою благодарность и почтение... Губы его тянулись к руке Нилова, колени подгибались для земного поклона... Но в лице Нилова, а может быть, и в тех неделях, которые они уже провели вместе, было что-то, удержавшее Матвея от этого излияния. Поэтому он взял деньги и, положив их около себя, сказал:

— А что... извините и не подумайте чего худого... Тут очень много денег?

— Не очень много, но достаточно, чтобы сделать себе хорошую пару платья, — ответил Нилов. — Вы ходите в одном и на работу, и в праздник.

— А! — сказал Матвей, махнув рукой. — Я простой человек, работник.

— Здесь все простые люди, и работники считают себя не

хуже других и не хотят ничем отличаться по внешности. Я советую вам обзавестись бельем и платьем.

Матвей потупился.

— Простите меня, — сказал он. — Я не то, чтобы там... не слушался вас или что... Но... скажите: можно здесь работой скопить на дорогу?

— Куда?

— Назад, на родину!.. — сказал Матвей страстно. — Видите ли, дома я продал и избу, и коня, и поле... А теперь готов работать, как вол, чтобы вернуться и стать хоть последним работником там, у себя на родной стороне...

Нилов прошелся по комнате, о чем-то думая, и потом, остановившись против Лозинского, сказал:

— Слушайте, Лозинский. Заработать столько можно. Можно со временем и вернуться. Но... всякий человек должен знать, что он делает. Зачем вы ехали сюда?

— А! — ответил Матвей, махнув рукой. — Мало ли что приходит человеку в голову.

— Постарайтесь вспомнить, что вам приходило в голову.

Матвей наморщил лоб и сам удивился тому, как трудно идут из головы слова и мысли.

— А! Хотелось человеку, конечно... клок вольной земли, чтобы было где разойтись плугом... Ну там... пару волов, хорошего коня... корову... крепкую телегу...

— А еще?

Матвей чувствовал, что за всеми перечисленными предметами в душе остается еще что-то, какой-то неясный осадок... Мелькнуло лицо Анны...

— Ну, потом... — продолжал он с усилием, — человек уже в возрасте. Своя хата, значит, уже и своя жена.

— И еще что-нибудь?

— Еще... если бы можно было молиться по-старому в своей церкви...

В голове его мелькнули еще разговоры о свободе, но это было уже так неясно и неопределенно, что он не сказал об этом ни слова.

143

Нилов подождал еще. Лицо его было серьезно и несколько взволнованно.

— Все это вы можете найти здесь! — сказал он решительно и резко, — все, что вы искали. Зачем же вам уезжать?

И видя, что Матвей несколько огорчен его резким тоном, он прибавил:

— Вы пережили самое трудное: первые шаги, на которых многие здесь гибнут. Теперь вы уже на дороге. Поживите здесь, узнайте страну и людей... И если все-таки вас потянет и после этого... Потянет так, что никто не в состоянии будет удержать... Ну, тогда...

В голосе Нилова звучало какое-то страстное возбуждение. Матвей заметил это и сказал:

— А вы сами... извините... ведь вы хотите уехать.

Лицо Нилова опять слегка омрачилось.

— Да, — ответил он. — У меня свои причины...

— Значит... вы не нашли для себя то, чего искали?

Нилов распахнул окно и некоторое время смотрел в него, подставляя лицо ласковому ветру. В окно глядела тихая ночь, сияли звезды, невдалеке мигали огни Дэбльтоуна, трубы заводов начинали куриться: на завтра разводили пары после праздничного отдыха.

— Здесь есть то, чего я искал, — ответил Нилов, повернув от окна взволнованное и покрасневшее лицо. — Но... слушайте, Лозинский. Мы до сих пор с вами играли в прятки... Ведь вы меня узнали?

— Я узнал вас, — смущенно сказал Матвей.

— И я вас узнал также. Не знаю, поймете ли вы меня, но... за то одно, что мы здесь встретились с вами... и с другими, как равные... как братья, а не как враги... За это одно я буду вечно благодарен этой стране...

Матвей слушал с усилием и напряжением, не вполне понимая, но испытывая странное волнение...

— А если я все-таки еду обратно, — продолжал Нилов, — то... видите ли... Здесь есть многое, чего я искал, но... этого не увезешь с собою... Я уже раз уезжал и вернулся... Есть такая болезнь... Ну, все равно. Не знаю, поймете ли вы меня теперь.

144

Может, когда-нибудь поймете. На родине мне хочется того, что есть здесь... Свободы, своей, понимаете? Не чужой... А здесь... Здесь мне хочется родины...

Нилов смолк, и после этого оба они долго еще смотрели в окно на ночное небо, на тихую, ласковую ночь чужой стороны. Нилов думал о том, что скоро он покинет все это и оставит позади целую полосу своей жизни. А Матвею почему-то вспомнилось море и его глубина, загадочная, таинственная, непонятная... Так же непонятно казалось ему теперь многое в жизни, и так же манило еще смутную мысль... И, вспоминая недавний разговор, он чувствовал, что не знал хорошо себя самого и что за всем, что он сказал Нилову, — за коровой и хатой, и полем, и даже за чертами Анны — чудится еще что-то, что манило его и манит, но что это такое — он решительно не мог бы ни сказать, ни определить в собственной мысли... Но было это глубоко, как море, и заманчиво, как дали просыпающейся жизни...

XXXIII

Наша правдивая история близится к концу. Через некоторое время, когда Матвей несколько узнал язык, он перешел работать на ферму к дюжему немцу, который, сам страшный силач, ценил и в Матвее его силу. Здесь Матвей ознакомился с машинами, и уже на следующую весну Нилов, перед своим отъездом, пристроил его в еврейской колонии инструктором. Сам Нилов уехал, обещав написать Матвею после приезда.

О жизни Матвея в колонии, а также историю американской жизни Нилова мы, быть может, расскажем в другой раз. А теперь нам придется досказать немного. Статья "Дэбльтоунского курьера" об окончании похождений "дикаря" была перепечатана в нескольких газетах преимущественно провинциальных городов, недовольных "кичливостью" ньюйоркцев, впавших в данном случае в такую грубую ошибку. Нью-йоркские газеты обмолвились о ней лишь краткими и довольно сухими извлечениями фактического свойства, так как в это время на поверхности политической жизни страны появился один из крупных вопросов, поднявших из глубины взволнованного общества все принципы американской политики... нечто вроде бури, точно вихрем унесшей и портреты "дикаря", и веселое личико мисс Лиззи, устроившей родителям сюрприз, и многое множество других знаменитостей, которые, как мотыльки, летают на солнышке газетного дня, пока их не развеет появление на горизонте первой тучи.

О Матвее и его истории скоро забыли, и ни Дыма, ни Анна не узнали, что он очутился в Дэбльтоуне и потом перешел в колонию, что здесь он был приписан к штату и подавал свой голос, после мучительных колебаний и сомнений (ему все вспоминалась история Дымы в Нью-Йорке). И понемногу даже лицо его изменялось, менялся взгляд, выражение лица, вся фигура. А в душе всплывали новые мысли о людях, о порядках, о вере, о жизни, о боге, которому поклоняются, хотя и разно, по всему лицу земли, о многом, что никогда не приходило в голову в Лозищах. И некоторые из этих мыслей становились все яснее и ближе...

А Анна все жила в том же доме под No 1235, только барыня становилась все менее довольна ею. Она два раза уже сама прибавляла ей плату, но "благодарности" как-то не видела. Наоборот, у Анны все больше портился характер, являлась беспредметная раздражительность и недостаток почтительности.

— Что делать... правду говорят, что это здесь в воздухе, — говорил муж старой барыни, а изобретатель, все сидевший над чертежами и к которому старая барыня обращалась иногда с жалобами, зная его влияние на Анну, только пожимал плечами.

— Я теперь далек от всего этого, — говорил он, — но когда-то... одним словом, я думаю, что ей просто хотелось бы...

146

собственной своей жизни... Понимаете ли вы: собственной своей жизни...

— Скажите, пожалуйста, — отвечала барыня с искренним изумлением. — Не обязана ли я ей доставлять, кроме десяти долларов, еще собственную жизнь...

— Ну, это теперь меня не касается, — отвечал старый господин. — Все это разрешит наука. Все: и ее, и вас, и всех. Дело, видите ли, в том, что...

Ученый повернулся на стуле и сказал серьезным тоном:

— Человек изобретает нужную ему машину... Это мы все отлично знаем. А думали ли вы когда-нибудь о том, что и машина в свою очередь изобретает... вернее сказать, вырабатывает нужного ей человека... Вы удивлены?.. А между тем, это можно доказать с математической точностью. Стоит усвоить эту великую истину, и все решено: вся задача сводится к тому, чтобы изобрести такую универсальную машину, которой нужен только свободный человек, понимаете? Тогда и только тогда разрешатся все эти мучительные вопросы... В этом будущем строе не будет уже ни господ, ни прислуги, ни рабовладельцев с их смешными притязаниями, ни рабов с их завистью и враждой... Понимаете вы меня?..

Старый господин приподнял очки и простодушно-радостным взглядом посмотрел в лицо хозяйки. Но на этом лице виднелось лишь негодование.

— Благодарю покорно! — сказала она. — Хорош ваш будущий строй... без прислуги! Я лучше согласна остаться при старом...

А дело с Анной шло все хуже и хуже... Через два года после начала этого рассказа два человека сошли с воздушного поезда на углу 4 avenue и пошли по одной из перпендикулярных улиц, разыскивая дом No 1235. Один из них был высокий блондин с бородой и голубыми глазами, другой — брюнет, небольшой, но очень юркий, с бритым подбородком и франтовски подвитыми усами. Последний вбежал на лестницу и хотел позвонить, но высокий товарищ остановил его.

Он взошел на площадку и оглянулся вдоль улицы. Все здесь было такое же, как и два года назад. Так же дома, точно близнецы, походили друг на друга, так же солнце освещало на одной стороне опущенные занавески, так же лежала на другой тень от домов...

Глаза его с волнением видели здесь следы прошлого. Вот за углом как будто мелькнула чья-то фигура. Вот она появляется из-за угла, ступая так тяжело, точно на ногах у нее пудовые гири, и человек идет, с тоской оглядывая незнакомые дома, как две капли воды похожие друг на друга... "Все здесь такое же, — думал про себя Лозинский, — только... нет уже того человека, который блуждал по этой улице два года назад, а есть другой..."

Звонок затрещал, дверь открылась, из-за нее выглянуло лицо Анны, и дверь опять захлопнулась, заглушив испуганный крик девушки, точно она увидела призрак. Потом она опять выглянула в щелку и сказала:

— Вы?.. Неужели это вы?

Старая барыня тоже с большим удивлением встретила этого человека и с трудом узнавала в нем простодушного лозищанина в белой свите и грубых сапогах, когда-то так почтительно поддерживавшего ее взгляды на американскую жизнь и на основы общественности. Она внимательно присматривалась к нему сквозь свои очки и искренно находила, что он стал гораздо хуже. Правда, в нем не было вызывающей резкости и задора молодого Джона, но не было также ласковой и застенчивой покорности прежнего Матвея, которая так приятно ласкала глаз старой барыни. Кроме того, она находила, что черный сюртук сидел на нем, "как на корове седло".

— Садитесь, пожалуйста, — сказала она с легким оттенком иронии. Но она чувствовала с некоторой досадой, что ей все-таки неловко было бы оставить стоять этого человека.

В сущности, она была человек недурной, и, когда Анна заявила ей об отказе от службы, она поняла, что теперь у Анны есть уважительная причина...

— Ну, вот — она нашла себе "свою собственную жизнь", сказала она с оттенком горечи ученому господину, когда Анна попрощалась с ними. — Теперь посмотрим, что вы скажете:

148

пока еще явится ваш будущий строй, а сейчас вот... некому даже убрать комнату.

— Гм... да... — задумчиво ответил изобретатель. — Надо признать, что в этом есть доля неприятности. Конечно, со временем все это устроится несомненно... Но... действительно, трудно будет придумать машину, которая бы делала это так приятно и ловко, как эта милая девушка...

Несколько дней после этого ученый чувствовал себя не в своей тарелке и находил, что даже выкладки даются ему как-то труднее.

— Гм... да... я должен признаться, — говорил он старой барыне. — Мне недостает ее лица и ее добрых синих глаз... Конечно, со временем все заменят машины...

Но тут он оборвал фразу под упорным ироническим взглядом старой барыни, которая процедила сквозь зубы:

— Даже синие глаза? Ну, это-то уж едва ли...

Перед отъездом из Нью-Йорка Матвей и Анна отправились на пристань — смотреть, как подходят корабли из Европы. И они видели, как, рассекая грудью волны залива, подошел морской гигант и как его опять подвели к пристани и по мосткам шли десятки и сотни людей, неся сюда и свое горе, и свои надежды, и ожидания...

Сколько из них погибнет здесь, в этом страшном людском океане?..

Матвею становилось грустно. Он смотрел вдаль, где за синею дымкой легкого тумана двигались на горизонте океанские валы, а за ними мысль, как чайка, летела дальше на старую родину... Он чувствовал, что сердце его сжимается сильною, жгучею печалью...

И он понимал, что это оттого, что в нем родилось что-то новое, а старое умерло или еще умирает. И ему до боли жаль было многого в этом умирающем старом; и невольно вспоминался разговор с Ниловым и его вопросы. Матвей сознавал, что вот у него есть клок земли, есть дом, и телки, и коровы... Скоро будет жена... Но он забыл еще что-то, и теперь это что-то плачет и тоскует в его душе...

Уехать... туда... назад... где его родина, где теперь Нилов со своими вечными исканиями!.. Нет, этого не будет: все порвано, многое умерло и не оживет вновь, а в Лозищах, в его хате живут чужие. А тут у него будут дети, а дети детей уже забудут даже родной язык, как та женщина в Дэбльтоуне...

Он крепко вздохнул и посмотрел в последний раз на океан. Солнце село. Туманная дымка сгущалась, закрывая бесконечные дали. Над протянутой рукой "Свободы" вспыхнули огни...

Пароход опустел. Две чайки снялись с мачт и, качаясь в воздухе, понеслись по ветру в широкую туманную даль...

Как те, которые когда-то, так же отрываясь от мачт корабля, неслись туда... назад... к Европе, унося с собой из Нового света тоску по старой родине...

150

www.ingramcontent.com/pod-product-compliance
Lightning Source LLC
Chambersburg PA
CBHW010809250626
47156CB00010B/3045